AF238646

Thich Nhat Hanh

Liebe

Wie wir sie in unserem HerzGeist nähren können

Mit einem Vorwort von Natalie Goldberg

Ins Deutsche übertragen von
Ursula Richard und Karen Siebert

edition steinrich

Bibliografische Informationen der Deutschen Bibliothek:
Die Deutsche Bibliothek verzeichnet diese Publikation in der
Deutschen Nationalbibliografie; detaillierte biografische Daten sind
im Internet über http://dnb.d-nb.de abrufbar

www. edition-steinrich.de

Titel der amerikanischen Originalausgabe:
Cultivating the Mind of Love,
The Practice of Looking Deeply in the Mahayana Buddhist Tradition
erschienen bei Parallax Press, Berkeley, California, USA.
© 1996, 2008 by Unified Buddhist Church

Copyright der deutschen Ausgabe: © 2015 edition steinrich, Berlin
Umschlaggestaltung: Ingeburg Zoschke, Berlin
Titelbild: © EIAB, Waldbröl
Gestaltung und Satz: Grafikstudio Scheffler, Berlin
Druck: Westermann Druck, Zwickau
Printed in Germany

ISBN 978-942085-49-6

Inhalt

Vorwort

von Natalie Goldberg

Immer wieder erstaunt mich Thich Nhat Hanhs Fähigkeit, die buddhistischen Lehren auf das tägliche Leben anzuwenden und sie so für viele Menschen wichtig und hilfreich werden zu lassen. Von allen seinen Büchern ist *Liebe* mein Lieblingsbuch geworden, vielleicht deshalb, weil es vom Lieblingsthema aller Zeiten handelt; einem Thema, das uns immer wieder in Verwirrung stürzt – der Liebe.

Im Juni 1992 hatte ich das Glück, an einem Retreat in Frankreich teilzunehmen, bei dem Thich Nhat Hanh die Dharma-Vorträge hielt, die wir in diesem Buch dokumentiert finden. Nie vergesse ich, wie ich mich damals fühlte, als ich ihm zuhörte. Er war ein Zen-Meister, der sich der Achtsamkeit verschrieben hatte, und er untersuchte die Natur der Liebe. Was ist Liebe? Wie gehen wir damit um? Wer sind wir in einem solchen Zustand? Was wollen wir wirklich?

Uns alle hat schon einmal die Liebe gepackt – aber was haben wir mit ihr angefangen? Die meisten von uns sind doch, ohne es zu wollen, hineingetappt und haben dabei ihre klaren Vorstellungen, Perspektiven und den gesunden Menschenverstand verloren. Oft wird, was so schön begann, zur Falle. Aber hier in der Dharma-Nektar-Halle in Plum Village lauschte ich Thich Nhat Hanh, wie er fest den Stürmen der Liebe standhielt, sie eingehend untersuchte und sie zur Grundlage einer tiefgreifenden Praxis machte.

Als ich Thay (der vietnamesische Name für »Lehrer«) zuhörte, fühlte ich zum ersten Mal, wie etwas Heilsames in den Bereich der Liebe Einzug hielt. Jeden Morgen hielt er einen zweistündigen Vortrag. Begierig kam ich immer schon sehr früh in die Meditationshalle und setzte mich direkt vor ihn hin, bereit, diese Belehrungen ganz in mich aufzunehmen. Es war für mich wie eine Offenbarung, als mir klar wurde, dass ich mich nicht unbedingt hin und her geschleudert fühlen müsste, wenn mich Cupidos Pfeil traf. Welch großes Mitgefühl musste Thich Nhat Hanh haben, so dachte ich, wenn er versuchte, die Quelle der Liebe westlichen

Menschen zu erklären, die betäubt und geblendet sind von romantischen Versprechungen und sehnsuchtsvollen Liedtexten.

Er sprach über das Diamant-Sutra, das Avatamsaka-Sutra und das Lotos-Sutra. Jeden Morgen wechselte er nach der Hälfte der Zeit das Thema und erzählte uns eine weitere Episode der Geschichte, wie er sich als junger Mönch in eine Nonne verliebte. »Sich verlieben ist ein Unfall«, sagte er. »Denkt einmal über den Ausdruck ›falling‹ nach (im Englischen ›falling in love‹, Anm. d. Ü.) – ihr stolpert da hinein. Es war nicht vorgesehen, dass so etwas passiert. Schließlich war ich ja ein Mönch, und sie war eine Nonne.« Nun handelte Thich Nhat Hanh aber keineswegs blind aus diesem Gefühl heraus, wie wir es normalerweise tun. Voller Achtsamkeit untersuchte er stattdessen diese starken Gefühle und teilte nun, über 40 Jahre später, die Ergebnisse und Erkenntnisse mit uns. Er lehrte uns, so spürte ich, wie man auf gute Weise liebt.

Jetzt blättere ich in meinem Notizbuch und betrachte die Aufzeichnungen von damals. Sie leuchten mir förmlich vom Blatt entgegen:

»Deine erste Liebe hat weder Anfang noch Ende. Deine erste Liebe ist nicht deine erste Liebe, und sie ist auch nicht deine letzte Liebe. Sie ist einfach Liebe. Sie ist eins mit allen Dingen.«

»Der gegenwärtige Moment ist der einzige, den wir haben, und er ist das Tor zu allen anderen Momenten.«

»Kein Kommen. Kein Gehen. Alles erweckt nur den Anschein, geboren zu werden und zu sterben.«

»Dieses Selbst hat kein Selbst.«

»Es ist in Ordnung, im Prozess der Liebe zu leiden.«

Alle Anwesenden in der Halle spürten ein spontanes Verstehen dessen, was er sagte, obgleich es oft unser logisches Verständnis umging und uns direkt im Herzen erreichte. »Ja«, dachten wir – »Liebe bedeutet doch mehr als Schokoladenbonbons zum Valentinstag.«

Eines Morgens hatte ich einen Einfall und schrieb Thay eine Notiz: »Wir könnten doch alle einmal eine halbe Stunde lang über unsere erste Liebe schreiben und dann diese Gefühle untersuchen – ihre Beschaffenheit, das Licht und das Dunkel, das wir empfanden.« Ich hielt es für eine gute Gelegenheit, unser Erlebnis zu erforschen. Mir wurde auch klar, dass die Arbeit eines Zen-Meisters auch die Arbeit eines Schriftstellers ist – nämlich nichts als selbstverständlich hinzunehmen, sondern intensiv und tiefgehend zu leben und das Leben zu fühlen, das uns geschenkt worden ist. Es ist auch die Arbeit jeder und jedes Einzelnen, wenn wir der Welt Frieden bringen wollen. Es ist unsere Chance, einen Blick auf die Verbundenheit aller Dinge zu werfen, zu erkennen, dass unsere »erste Liebe weder Anfang noch Ende hat«. Am folgenden Tag las Thay meine Notiz laut vor und ermutigte alle zum Schreiben. Ich möchte die Leserinnen und Leser dieses Buches ermutigen, es auch zu tun.

Ich lebe in Taos, New Mexico. An jedem Mittwochabend trifft sich hier eine kleine Sangha; wir meditieren im Sitzen und Gehen, rezitieren die Achtsamkeitsübungen und trinken gemeinsam Tee. Jetzt lesen wir bei jedem Treffen auch immer zwei Seiten aus diesem Buch vor – in der Hoffnung, es stückweise zu »verdauen«, damit das, was wir hier lernen, fest in uns verankert wird. Wir wissen, dass dieses einfache Buch unsere Umgangsweisen, unsere Beweggründe und unsere Geisteshaltung verändern kann.

Ich empfehle Ihnen sehr, die Worte Thays langsam, so wie Sirup, in sich einfließen zu lassen, damit sie Ihr gesamtes Sein nähren – und damit wir alle mit einer freundlicheren Gesinnung auf dieser Erde wandeln.

Natalie Goldberg
Taos, New Mexico
Juni 1995

Vorwort

von Ursula Richard

Leider habe ich nicht an jenem Retreat in Plum Village teilgenommen, in dem Thich Nhat Hanh von seiner Liebesgeschichte zu einer jungen Nonne erzählte und dies dann jeweils mit Betrachtungen zu buddhistischen Lehren abwechselte. Freundinnen und Freunde, die dabei gewesen waren, erzählten mir, wie gespannt sie morgens zu den Vorträgen gingen, um zu erfahren, wie die Geschichte weiterging, und wie gebannt sie lauschten, wenn Thay davon erzählte, wie er sich als Mönch in eine junge Nonne verliebte und wie beide mit ihren Gefühlen einen für sie stimmigen Umgang finden mussten. Als ich die Texte später für die erste Buchausgabe übersetzte,* berührten auch mich die Passagen sei-

---

* Das Buch erschien 1995 unter dem Titel *Aus der Tiefe des Verstehens die Liebe berühren* im Theseus Verlag.

ner persönlichen Geschichte sehr tief, nicht zuletzt, weil sie den damals schon sehr berühmten buddhistischen Lehrer in einem ganz neuen Licht zeigten, als einen Menschen, der mit all dem emotionalen Aufruhr, der im Allgemeinen mit dem Verlieben einhergeht, auch nach seiner Mönchsordination noch zu tun hatte.

In der ersten Ausgabe des Buches – der Originalausgabe wie der deutschen Übersetzung – wechselten Kapitel, in denen Thay seine Liebesgeschichte erzählt, mit Kapiteln, in denen er über zentrale Vorstellungen in der Mahayana-Tradition des Buddhismus spricht, ab. Die neue Originalausgabe – und ihr entsprechend auch die vorliegende deutsche Ausgabe – beginnt mit der persönlichen Liebesgeschichte Thays, und in einem zweiten Teil folgen dann seine eher theoretisch gehaltenen Erläuterungen. Vielleicht wurde durch die ursprünglich gewählte Form deutlicher, dass es einen Zusammenhang zwischen beiden Teilen gibt, auch wenn er auf den ersten Blick vielleicht nicht offenkundig sein mag. Thays Liebesgeschichte ist auch eine Geschichte der Transformation, der Erweiterung eines zunächst noch auf eine Person begrenzten Gefühls der Verliebtheit, mit all dem damit verbundenen Herzklopfen und der Unsicherheit, hin zu einer Liebe, die über eine persönliche Ebene weit hinausgeht und damit eine umfassende Dimension angenommen hat. Und diese Transformation ist auch Gegenstand der buddhistischen Lehren, die Thay in diesem Buch näher erläutert. Es geht darum, wie wir die übliche Begrenztheit unserer Sichtweisen über uns und andere, Subjekt und Objekt, über das Leben, über unsere Lebenszeit und über die Liebe erkennen und immer mehr erweitern können, sodass wir schließlich jene umfassende Dimension berühren, die unser wahres Zuhause ist.

Ursula Richard
Juni 2015

Einführung:
Der Dharma-Regen

Dieses Buch entstand aus einer Reihe von Vorträgen, die ich in Plum Village, dem Ort in Frankreich, wo ich lebe und arbeite, über meine erste Liebe hielt. Alle Anwesenden lauschten sehr konzentriert. Mit ihrem ganzen Sein hörten sie zu, nicht nur mit ihrem Intellekt. Samen der Liebe und des Verstehens, die tief in ihrem Bewusstsein verborgen waren, wurden berührt, und ich konnte erkennen, dass sie nicht nur meiner Geschichte lauschten, sondern auch ihrer eigenen. Wenn ein Thema interessant ist, dann braucht man sich beim Zuhören nicht anzustrengen. Mühelos ist die Konzentration da, und das Verstehen erwächst aus der Konzentration.

Wenn Sie dieses Buch lesen, so meine Hoffnung, dann lassen Sie einfach zu, dass der Regen des Dharma in den Boden Ihres Bewusstseins sickert.

Denken Sie nicht zu viel; diskutieren und vergleichen Sie nicht. Mit Worten und Gedanken zu spielen ist, als versuchte man, Regen in Eimern aufzufangen. Erlauben Sie einfach Ihrem Bewusstsein, den Regen zu empfangen und aufzunehmen, dann erhalten die tief darin verborgenen Samen Gelegenheit, bewässert zu werden.

Dem Buddhismus zufolge besteht das Bewusstsein aus zwei Teilen – dem »Speicherbewusstsein« (*alayavijnana*) und dem »Geistesbewusstsein« (*manovijnana*). In unserem »Speicherbewusstsein« sind Samen eingepflanzt, die all das repräsentieren, was wir jemals getan, erfahren oder empfangen haben. Wird ein Samenkorn gewässert, so manifestiert es sich in unserem Geistesbewusstsein.

Meditation bedeutet, den Garten unseres Speicherbewusstseins zu pflegen. Als Gärtner oder Gärtnerin müssen wir dem Boden vertrauen und wissen, dass alle Samen von Liebe und Verstehen, von Erleuchtung und Glückseligkeit dort bereits vorhanden sind. Aus diesem Grund brauchen wir auch nicht so intensiv nachzudenken bei einem Dharma-Vortrag oder uns Notizen zu machen.

Alles, was wir tun müssen, ist einfach nur da zu sein und zuzulassen, dass die Samen von Liebe und Verstehen tief in unserem Inneren gewässert werden. Es ist nicht nur der Lehrer, der einen Dharma-Vortrag hält. Der violette Bambus, die gelbe Chrysantheme und der goldene Sonnenuntergang – sie alle sprechen zur gleichen Zeit. Alles, was diese Samen in uns bewässert, ist das wahre Dharma. Wenn eine Frau schwanger wird, geschieht etwas in ihrem Körper und auch in ihrem Geist. Es entsteht oftmals eine neue Energie, die ihr ermöglicht, Dinge zu tun, zu denen sie vorher nicht in der Lage war. Wenn alles in ihrem Leben gut verläuft, mag dies eine Zeit großer Freude sein. Einige schwangere Frauen strahlen selbst dann, wenn sie sich nicht so wohl fühlen, einen großen Frieden aus.

Wir, die wir Meditation praktizieren, können davon lernen. Da ist ein kleiner oder eine kleine Buddha in unserem Speicherbewusstsein, und wir müssen ihm oder ihr die Möglichkeit geben, geboren zu werden. Wenn wir das Buddha-Baby berühren – die Samen von Verstehen und Liebe in uns –, dann werden wir erfüllt von *bodhicitta*, dem Geist der Erleuchtung, dem Geist der Liebe. Von diesem Augenblick an nährt alles, was wir sagen oder tun, dieses kleine Buddhawesen in uns, und es erfüllen uns Freude, Vertrauen und Energie. Gemäß den Mahayana-Lehren ist dieser Augenblick – wenn wir unser Bodhicitta erwecken, unseren Geist der Liebe berühren – der Moment, in dem die Praxis beginnt.

Unser Geist der Liebe mag vielleicht tief in unserem Speicherbewusstsein verborgen sein, unter vielen Schichten des Vergessens und der Leiderfahrung. Es ist Aufgabe des Lehrers oder der Lehrerin, uns zu helfen, ihn zu bewässern, damit er sich manifestiert. Im Zen-Buddhismus gibt uns der Lehrer oder die Lehrerin vielleicht ein *kung an* (japanisch: *koan*). Wenn beide, Lehrer und Schüler, geschickt genug sind, dann wird der Erleuchtungsgeist des Schülers berührt. Er gräbt das Kung An tief in sein Speicherbewusstsein ein; seine Übung besteht dann darin, das Kung An fortwährend zu nähren, sich nur darauf zu konzentrieren — ob er den Boden fegt, Geschirr abwäscht oder dem Klang der Glocke lauscht. Er vertraut das Kung An seinem Speicherbewusstsein an, so wie die schwangere Frau ihrem Körper vertraut, dass er ihr Baby nähren wird.

Ein tiefes Verstehen des Dharma findet nur allmählich statt. Lesen Sie bitte beide Teile dieser Geschichte mit ihrem ganzen Sein. Seien Sie vollkommen präsent – der Regen des Dharma wird die tiefsten Samen in Ihrem Speicherbewusstsein wässern. Wird der Same des Verstehens gewässert, dann schießt vielleicht morgen, während Sie gerade abwaschen oder den blauen Himmel betrachten, dieser Keim empor, und die Früchte der Liebe und des Verstehens erwachsen wunderschön aus Ihrem Speicherbewusstsein.

ERSTER TEIL

Die erste Liebe

1

Wurzeln

Sie war zwanzig Jahre alt, als ich sie traf. Es war im Tempel des Vollkommenen Erwachens im Hochland von Vietnam. Ich hatte gerade einen Kurs über die Grundlagen des Buddhismus abgehalten, und der Abt des Tempels fragte mich: »Thay, wollen Sie nicht etwas Urlaub machen und ein paar Tage hier bei uns bleiben, bevor Sie nach Saigon zurückfahren?« »Ja, warum nicht?«, sagte ich.

An diesem Tag war ich im Dorf gewesen, um dort einer Gruppe von jungen Leuten bei der Probe des Stücks zu helfen, das sie zu Têt, dem vietnamesischen Neujahrsfest, aufführen wollten. Mehr als alles andere lag es mir am Herzen, den Buddhismus in meinem Land zu erneuern, ihn den Bedürfnissen der jungen Leute anzupassen. Ich war vierundzwanzig und voller schöpferischer Energie – ein Künstler und Dichter. Es war die Zeit des Krieges mit den Franzosen, und viele Menschen starben. Gerade war ein Dharma-Bruder von mir, Thay Tam Thuong, getötet worden. Als ich bei meiner Rückkehr die Stufen zum Tempel hinaufschritt, sah ich dort eine Nonne stehen. Sie blickte auf die Hügel der Umgebung. Sie so dort stehen zu sehen war wie eine frische Brise, die über mein Gesicht strich. Ich hatte schon vorher viele Nonnen gesehen, aber nie zuvor hatte ich ein solches Gefühl erlebt.

Damit Sie mich richtig verstehen, möchte ich Ihnen von einigen Erlebnissen erzählen, die ich Jahre zuvor hatte. Als ich neun Jahre alt war, sah ich auf dem Titelbild einer Zeitschrift das Bild des Buddha, wie er friedvoll im Gras sitzt. Sofort wusste ich, dass ich genauso friedlich und glücklich sein wollte. Zwei Jahre später sprachen wir zu fünft darüber, was wir einmal werden wollten, wenn wir erwachsen wären, und mein Bruder Nho sagte: »Ich möchte Mönch werden.« Das war eine ungewöhnliche Idee, aber ich wusste, dass auch ich das wollte. Und dies – wenigstens zum Teil –, weil ich dieses Buddha-Bild in der Zeitschrift gesehen hatte. Junge Leute sind sehr offen und lassen sich sehr leicht beeindrucken.

Sechs Monate danach machte unsere Klasse einen Ausflug zum Na-Son-Berg. Ich hatte davon gehört, dass ein Einsiedler dort lebte. Zwar wusste ich nicht, was ein Einsiedler war, aber ich wollte ihn sehen. Die Leute sagten, ein Einsiedler sei jemand, der sich der Praxis widme, friedvoll und glücklich zu werden wie ein Buddha. Wir liefen neun Kilometer bis zum Berg und stiegen dann noch einmal eine Stunde hinauf, aber als wir endlich angekommen waren, sagte uns unser Lehrer, dass der Eremit nicht da sei. Ich war so enttäuscht! Damals verstand ich nicht, dass Einsiedler im Allgemeinen keine Menschen sehen wollen. Deshalb kletterte ich, als der Rest der Klasse Mittagspause machte, weiter den Berg hinauf in der Hoffnung, ihm doch noch zu begegnen. Plötzlich hörte ich das Geräusch von plätscherndem Wasser, und ich folgte dem Geräusch, bis ich einen wunderschön in die Steine hineingebauten Brunnen entdeckte. Als ich in ihn hineinblickte, konnte ich jeden Kiesel, jedes Blatt am Grund erkennen. Ich kniete nieder und trank das sprudelnde, klare Wasser – und ich fühlte mich vollkommen erfüllt. Es war, als stünde ich dem

Eremiten von Angesicht zu Angesicht gegenüber! Danach legte ich mich nieder und schlief ein.

Als ich wenig später wieder erwachte, wusste ich zunächst nicht, wo ich war. Dann erinnerte ich mich an meine Klassenkameraden, und als ich zu ihnen hinunterlief, kam mir ein Satz in den Sinn, aber nicht auf Vietnamesisch, sondern auf Französisch:« *J'ai goûté l'eau la plus délicieuse du monde.*» (»Ich habe das köstlichste Wasser der Welt gekostet.«) Meine Freunde waren froh, mich wiederzusehen, aber ich musste immerzu an den Einsiedler und den Brunnen denken. Sie spielten weiter, und ich aß schweigend mein Mittagessen.

Mein Bruder wurde als erster Mönch, und die ganze Familie machte sich Sorgen um ihn, weil alle annahmen, dass ein Leben als Mönch zu schwierig sei. Deshalb erzählte ich ihnen nichts von meinem eigenen Wunsch, denselben Pfad zu beschreiten. Der Same in mir aber wuchs weiter, und vier Jahre später wurde dieser Traum Wirklichkeit. Ich wurde Novize an der Tu-Hieu-Pagode, in der Nähe der Kaiserstadt Huê in Zentralvietnam.

2

Die Schönheit des Frühlings

Denken Sie bitte an Ihre erste Liebe. Nehmen Sie sich dafür Zeit, stellen Sie sich vor, wie es geschah, wo es stattfand, was Sie in diese Situation gebracht hat. Erinnern Sie sich an dieses Erlebnis und betrachten Sie es in Ruhe, eingehend, voller Mitgefühl und Verständnis. Sie werden einiges entdecken, was Ihnen damals nicht aufgefallen ist. Es gibt in der Zen-Tradition ein Koan, das lautet: »Welches war dein Gesicht, bevor deine Eltern geboren wurden?« Dies ist eine Einladung, auf die Reise zu gehen und sein wahres Selbst zu entdecken, sein wahres Gesicht. Betrachten Sie Ihre »erste Liebe« in aller Tiefe und versuchen Sie, Ihr wahres Gesicht zu sehen. Tun Sie dies, so erkennen Sie, dass Ihre »erste Liebe« vielleicht nicht wirklich die erste Liebe war; Ihr Gesicht war, als Sie geboren wurden, vielleicht gar nicht Ihr wahres Gesicht. Wenn Sie dies eingehend betrachten, so sind Sie vielleicht in der Lage, Ihr wahres, ursprüngliches Gesicht zu sehen ebenso wie Ihre wahre erste Liebe. Sie werden sehen, dass Ihre erste Liebe noch immer gegenwärtig ist, immer hier, und dass sie weiterhin Ihr Leben mitgestaltet. Das ist ein Thema für die Meditation.

Als ich ihr begegnete, war es nicht wirklich das erste Mal, dass wir uns gesehen hatten. Wie hätte es auch sonst so leicht geschehen können? Hätte ich damals nicht das Buddha-Bild auf der Titelseite der Zeitschrift gesehen, so wäre unsere Begegnung nicht möglich gewesen. Wäre sie keine Nonne gewesen, hätte ich sie nicht geliebt. Es war ein so großer Friede in ihr, die Frucht ernsthafter Praxis – in anderen habe ich ihn nicht gefunden. Sie hatte in ihrem Nonnenkloster in Huê praktiziert, und sie erschien mir so friedvoll wie der Buddha, der im Gras saß. Mein Besuch beim Eremiten, das Trinken des klaren Wassers aus seinem Brunnen – all das war Teil unserer ersten Begegnung. In dem Augenblick, in dem ich sie sah, erkannte ich in ihr alles, was ich wertschätzte.

Sie besuchte ihre Familie im Hochland, aber da

sie Nonne war, zog sie es vor, im Tempel zu wohnen. Sie hatte von dem Kurs über die Grundlagen des Buddhismus erfahren, den ich dort gehalten hatte, und war deshalb darauf vorbereitet, mich zu sehen, aber ich hatte noch nichts von ihr gehört. Als ich die Treppen hinaufgestiegen war, verbeugte ich mich und fragte nach ihrem Namen. Wir gingen hinein, um uns miteinander bekannt zu machen. In jedem Tempel gibt es einen besonderen Sitz für den Abt. Ich musste dort Platz nehmen, weil der Abt für einige Tage weggefahren war und mich gebeten hatte, ihn zu vertreten. Ich lud sie ein, mir gegenüber Platz zu nehmen, aber sie setzte sich auf die Seite. Mitglieder der Gemeinschaft sitzen niemals vor dem Abt. So will es die Tradition. Um einander anzuschauen, mussten wir unsere Köpfe drehen.

Ihr Verhalten als Nonne war vollkommen – die Art, wie sie sich bewegte, wie sie schaute, wie sie sprach. Sie war still, sagte nie etwas, wenn sie nicht angesprochen wurde. Sie blickte stets vor sich auf den Boden. Auch ich war schüchtern. Nie traute ich mich, sie länger als eine oder zwei Sekunden anzuschauen, dann senkte ich meinen Blick wieder.

Nach einigen Minuten verabschiedete ich mich und ging in mein Zimmer. Ich wusste nicht, was geschehen war, aber ich fühlte, dass mein Frieden gestört war. Ich versuchte, ein Gedicht zu schreiben, aber es gelang mir nicht eine Zeile! So las ich die Gedichte anderer, in der Hoffnung, meine Ruhe wiederzufinden.

Ich las einige Gedichte von Nguyen Binh. Er sehnte sich nach seiner Mutter und seiner Schwester, und mir ging es ebenso. Wenn du als sehr junger Mensch Mönch wirst, dann vermisst du deine Familie. In Vietnam ist es Brauch, ein Räucherstäbchen und eine Kerze anzuzünden, bevor du diese Art von Poesie liest; dann rezitierst du das Gedicht. Ich weiß noch, dass ich Tränen in den Augen hatte, als ich das folgende Gedicht in klassischem Chinesisch rezitierte:

Die Nacht ist da.
Wind und Regen verkünden
das Nahen des Frühlings.
Noch schlafe ich allein, noch ist mein Traum
   unerfüllt.

Fallende Blütenblätter
scheinen meine Träume und Hoffnungen zu
*   verstehen.*
Sie berühren die Frühlingserde
in vollkommener Stille.

Den ganzen Nachmittag und Abend rezitierte ich weiter Gedichte. Ich dachte an meine Familie und rezitierte laut, versuchte, mich auf diese Weise von den Gefühlen zu befreien, die ich nicht verstand. Um sechs Uhr klopfte eine Schülerin der Klasse, die ich unterrichtet hatte, an meine Tür und lud mich zum Abendessen ein. Vor seiner Abreise hatte der Abt sie gebeten, jeden Tag zu kommen und das Mittag- und Abendessen zu bereiten.

Die junge Nonne und ich aßen schweigend. Danach tranken wir gemeinsam Tee und sprachen in Ruhe miteinander. Sie erzählte mir, wie sie Nonne geworden war, wo sie ausgebildet wurde, bevor sie in das buddhistische Institut in Huê eingetreten war, und was sie studierte. Weiterhin blickte sie zu Boden und hob den Blick nur dann, wenn ich ihr eine Frage stellte. Sie sah aus wie die Bodhisattva

Kwan Yin – ruhig, voller Mitgefühl und Schönheit. Von Zeit zu Zeit sah ich sie an, aber nicht lange. Es hätte unhöflich gewirkt, wenn sie es bemerkt hätte. Nach zehn, fünfzehn Minuten entschuldigte ich mich und ging zur Buddha-Halle, um dort zu meditieren und zu rezitieren.

Am nächsten Morgen begab ich mich erneut zur Meditationshalle, und nach einigen Minuten hörte ich auf einmal ihre Stimme neben mir. Nach dem Rezitieren verließen wir die Halle und unterhielten uns noch ein wenig vor dem Frühstück. An diesem Morgen besuchte sie ihre Familie. Ich war allein im Tempel. Am Nachmittag ging ich ins Dorf und half erneut den jungen Leuten bei der Probe ihres Stücks. Ich kehrte zurück, lief die Treppen empor und sah sie wieder dort stehen; sie blickte auf die Teeplantagen an den Hügeln. Wir aßen gemeinsam zu Abend, und hinterher las ich ihr einige meiner Gedichte vor. Danach begab ich mich in mein Zimmer und las allein noch etwas Poesie. Nichts hatte sich gegenüber dem Vortag verändert, aber innerlich wurde mir etwas klar – ich liebte sie. Ich wollte einfach nur mit ihr zusammen sein, neben ihr sitzen und sie betrachten.

31

In dieser Nacht schlief ich nicht viel. Am nächsten Morgen schlug ich nach dem Sitzen und Rezitieren vor, in die Küche zu gehen und ein Feuer zu entfachen. Es war sehr kalt, und sie stimmte zu. Wir tranken eine Tasse Tee miteinander, und dann versuchte ich mein Möglichstes, ihr zu sagen, dass ich sie liebte. Ich sagte viele Dinge, nur *das* konnte ich nicht sagen. So sprach ich über andere Dinge und hoffte, sie würde verstehen. Sie hörte aufmerksam und voller Mitgefühl zu, und dann flüsterte sie: »Ich verstehe nichts von dem, was Sie gesagt haben.«

Doch am nächsten Tag teilte sie mir mit, sie habe verstanden. Es war schwierig für mich, aber noch schwieriger für sie. Meine Liebe war wie ein Sturm, und sie war in der Energie dieses Sturmes gefangen und wurde mitgerissen. Sie hatte versucht, sich dagegen zu wehren, aber vergebens. Schließlich hatte sie es akzeptiert. Wir beide brauchten Mitgefühl. Wir waren jung, und es hatte uns beide erwischt. Dabei hatten wir ein ganz tiefes Bedürfnis, Mönch und Nonne zu sein, fortzufahren mit dem, wofür wir seit langer Zeit eine so tiefe Wertschätzung empfanden – und dennoch hatte uns die Liebe ergriffen.

In dieser Nacht schrieb ich ein Gedicht:

Der Frühling kommt langsam und leise,
erlaubt dem Winter, sich zurückzuziehen,
langsam und leise.
Die Farbe des Berges hat heute Nachmittag
die Tönung von Wehmut.
Die schreckliche Blume des Krieges
hat ihre Spuren hinterlassen –
zahllose Blütenblätter von Trennung und Tod
in weißer und violetter Färbung.

Ganz sacht öffnet sich die Wunde
in der Tiefe meines Herzens.
Ihre Farbe ist die Farbe des Blutes,
ihr Wesen das Wesen der Trennung.

Die Schönheit des Frühlings stellt sich mir in den
    Weg.
Wie könnte ich einen andern Weg
zum Berg hinauffinden?

Ich leide so. Vereist ist meine Seele.

Mein Herz vibriert wie die zarte Saite einer Laute,
ausgesetzt in stürmischer Nacht.
Ja, er ist hier. Der Frühling ist wirklich gekommen.
Aber man hört es, klar und unüberhörbar,
das Wehklagen im wundervollen Gesang der Vögel.
Der Morgendunst ist schon geboren.
Die Frühlingsbrise spricht in ihrem Lied
von meiner Liebe und auch von meinem Leid.
So gleichgültig zeigt sich das All. Warum?
Allein kam ich zum Hafen,
und allein gehe ich nun fort.

So viele Pfade führen in die Heimat.
Alle sprechen schweigend zu mir.
Ich rufe das Absolute an.

Der Frühling breitet sich aus
in alle zehn Himmelsrichtungen.
Sein Lied, ach, ist doch nur das Lied
des Fortgehens.

Dieses Gedicht schrieb ich, um Erleichterung zu finden. Wie könnten wir weiterhin Mönch und

Nonne bleiben und uns gleichzeitig diese kostbare Liebe erhalten?

Normalerweise erzählen Mönche solche Geschichten nicht. Ich denke aber, es ist wichtig, das zu tun. Wie soll die jüngere Generation sonst wissen, wie sie sich verhalten soll, wenn die Liebe sie ereilt? Als Mönch soll man sich nicht verlieben, aber manchmal ist die Liebe stärker als ein Entschluss.

3

Der Wächter

Für sie war es schwieriger als für mich. Sie vertraute mir wie einem älteren Bruder, und ich fühlte mich auch wirklich für sie verantwortlich. An dem Tag, an dem der Abt zurückkehren sollte, war sie sehr ruhig und still. Sie sprach und bewegte sich wie zuvor, nur ihr Lächeln war noch strahlender. Wenn du geliebt wirst, strahlst du großes Vertrauen aus.

An jenem Tag, dem letzten Tag des Mondjahres, tranken wir miteinander Tee und hatten ein mehrstündiges Dharma-Gespräch. Wir gehörten zur ersten Generation junger Mönche und Nonnen in Vietnam, die eine westliche Erziehung genossen hatten. Mehr als alles andere wollten wir den Menschen in unserem Land in der Zeit des Krieges helfen. Aber die Belehrungen, die die buddhistischen Institutionen anboten, hatten sich seit Jahrhunderten nicht geändert. Uns bewegte der Wunsch, Wege zu finden, wie wir unserer Gesellschaft Frieden, Versöhnung und Brüderlichkeit bringen konnten, und es war enttäuschend für uns, dass unsere Lehrer so etwas nie ansprachen. Jede Tradition muss sich von Zeit zu Zeit erneuern, um drängende aktuelle Themen aufgreifen zu können, und sie muss dazu Übungswege anbieten, die denen, die in dieser Tradition leben und praktizieren, helfen, sich zu erneuern.

Ich lebte und praktizierte mit fünf weiteren jungen Mönchen in einem kleinen buddhistischen Tempel außerhalb von Saigon, jetzt Ho-Chi-Minh-Stadt. Wir hatten das buddhistische Institut in Huê verlassen, denn wir merkten, dass wir dort nicht die Belehrungen erhielten, die wir brauchten. In Saigon gab ich eine buddhistische Zeitschrift heraus; von dem Erlös konnte sich unsere Gemeinschaft unterhalten. Wir sechs Mönche gingen auch noch zur Schule und beschäftigten uns dort unter anderem mit westlicher Philosophie und Wissenschaft; wir waren überzeugt davon, dass uns die Fächer dabei helfen würden, die buddhistische Praxis in unserem Lande mit neuem Leben zu erfüllen. Du musst die

Sprache deiner Zeit benutzen, um die Buddha-Lehren so zu vermitteln, dass die Menschen sie auch verstehen können.

Aus den Dharma-Gesprächen mit ihr wurde deutlich, dass wir beide denselben Idealen folgten. So hatte sie bereits einer Schwester vorgeschlagen, ein Zentrum für junge Nonnen zu gründen, in dem sie auf annähernd dieselbe Weise praktizieren könnten, wie wir sechs Mönche es taten. Ich erzählte ihr von einem Tempel in der Nähe des unseren, der vielleicht dafür in Frage käme. Mir war nicht bewusst, dass mein Vorschlag, jedenfalls zum Teil, auch aus dem Wunsch herrührte, sie wiederzusehen.

Gegen drei Uhr nachmittags war der Abt noch immer nicht zurückgekehrt, und so setzten wir unser Gespräch fort. Ich schilderte ihr meine Vorstellung, dass Mönche und Nonnen in der Zukunft Hochschulen einrichten, Gesundheitszentren aufbauen und sich in Kindergärten um die Kinder kümmern sollten. Ihre Arbeit sollten sie in meditativer Achtsamkeit verrichten; sie sollten nicht nur über Mitgefühl reden, sondern es in ihrem Handeln zum Ausdruck bringen. Inzwischen ist all das Wirklichkeit geworden. Heutzutage helfen Mönche und Nonnen in Vietnam Prostituierten, unterrichten Straßenkinder und leisten Sozialarbeit in vielen anderen Bereichen. Doch damals waren all diese Vorhaben nur ein Traum. Als wir über diese Dinge sprachen, merkte ich, wie glücklich sie dabei war. Ich sprach also weiter, bis ich heiser wurde. Als sie das bemerkte, ging sie in ihr Zimmer und brachte mir Hustenbonbons. Ich weiß noch genau den Namen auf der Schachtel, *Pâtes des Vosges*. Ich glaube nicht, dass ich mich daran noch erinnern könnte, wenn der Abt mir die Schachtel mit Hustenbonbons gegeben hätte.

Nach dem Abendessen meditierten und rezitierten wir und begaben uns dann auf unsere Zimmer. Beide hatten wir in den letzten drei Tagen wenig geschlafen; wir wussten, dass wir Schlaf brauchten, um uns gesundheitlich wieder zu erholen und dem Abt entgegentreten zu können, der sicherlich am nächsten Tag zurückkehren würde. Aber es war unmöglich zu schlafen. Um ein Uhr nachts war ich noch immer wach, und ich spürte ein großes Verlangen danach, mit ihr zusammen zu sein – mit ihr zu sitzen, sie anzuschauen, ihr zuzuhören. Mir war klar, dass dies die letzte Gelegenheit war, etwas Privatheit miteinander zu teilen. Es gab in dieser Nacht viele Augenblicke, in denen ich den Wunsch hatte, an ihre Tür zu klopfen und sie einzuladen, mit mir in der Meditationshalle die Diskussion fortzusetzen. Ich tat es jedoch nicht, denn wir hatten eine Übereinkunft, und das musste ich respektieren. Ich hatte das Gefühl, dass sie vermutlich wach war und, würde ich zu ihr gehen und an ihre Tür klopfen, mit Freuden in die Meditationshalle mitkäme, um dort unser Gespräch fortzusetzen. Aber ich hielt dem Gefühl stand. Eine sehr starke Kraft in mir schützte sie und letztlich auch mich.

In dieser und all den vorangegangenen Nächten hatte ich niemals die Vorstellung, ihre Hand halten zu wollen oder sie auf die Stirn zu küssen. Sie repräsentierte alles, was ich liebte – mein Ideal von Mitgefühl und liebevoller Güte und den Wunsch, den Buddhismus in der Gesellschaft zu verankern und Frieden und Versöhnung zu verwirklichen. Dieses Verlangen war so groß und heilig, dass ich alles andere, wie etwa ihre Hand zu halten oder sie auf die Stirn zu küssen, als eine Verletzung dessen, als einen Gewaltakt empfunden hätte. Sie verkörperte alles, was mir im Leben bedeutsam war, und ich konnte und wollte all dies nicht zerstören.

Da war sie in ihrem Gemach wie eine Prinzessin, und das Bodhicitta in mir war der Wächter, der sie beschützte. Wenn ihr etwas geschehen würde, so würden wir beide, das wusste ich, alles verlieren – den Buddha, unser Ideal von Mitgefühl und den tiefen Wunsch, den Buddhismus zu erneuern. Ich musste mich nicht darum bemühen, die Gelübde zu praktizieren – unser starker Wunsch, das Dharma zu verwirklichen, beschützte uns beide. Wenn wir unser Leben weiterführen wollten, durfte ich nicht weniger als ein Mönch, sie nicht weniger als eine Nonne sein. Als Befehlshaber der Truppen, die sie schützten, war es mir unmöglich, die Tür zu öffnen, zu ihrem Zimmer zu gehen und an ihre Tür zu klopfen. Das hätte alles zerstört.

4

Abschied nehmen

Am Neujahrsmorgen hörten wir, als wir unsere Sitzmeditation und die Rezitation beendet hatten, wie Leute aus dem Dorf in großer Zahl zum Tempel kamen. Sie brachten Früchte, Blumen und alle Dinge, die man braucht, um Têt zu feiern. Ich half ihnen, die Buddhahalle zu schmücken, und sie half in der Küche. Dann kam der Abt zurück. Niemand schien gemerkt zu haben, was mit uns geschehen war, nicht einmal die junge Frau, die die Mahlzeiten für uns bereitet hatte. Am zweiten Tag des Neuen Jahres kehrte ich zu meinem Tempel zurück. Ich hatte wenig Hoffnung, sie noch einmal wiederzusehen.

Ich war ein anderer Mensch, als ich wieder heimkehrte, aber meine Dharma-Brüder merkten es nicht. Mein Tagesablauf muss fast normal gewirkt haben, auch wenn ich weniger sprach und mehr

Zeit allein verbrachte. Von Zeit zu Zeit rief ich mit sanfter Stimme ihren Namen, damit ich sie nicht so sehr vermisste. Mir blieb nur, mit meinen Studien und meiner Praxis fortzufahren.

Eines Tages kam ich heim, und sie war da. Es war ihr gelungen, meinen Vorschlag in die Tat umzusetzen. Sie und eine zweite Nonne waren in den verlassenen Tempel ganz in der Nähe des unseren gezogen, um dort ein kleines Zentrum zu errichten, in dem Nonnen studieren, praktizieren und sich sozial engagieren konnten. Wir sechs Mönche waren hocherfreut darüber, nun Dharma-Schwestern in der Nähe zu haben, mit denen wir unsere Ideale und Hoffnungen teilen konnten. Ich schlug vor, dass sie mit uns gemeinsam den Buddhismus studieren sollten.

Ihrer Dharma-Schwester wollte ich behilflich sein, ihr Chinesisch zu verbessern, und so bat ich sie, ein Buch ins Vietnamesische zu übersetzen, das Werk eines chinesischen Wissenschaftlers, der sich mit dem Buddhismus beschäftigt hatte. Ich überarbeitete die Übersetzung und korrigierte viele Stellen. Was sie betraf, so wollte ich ihr helfen, ihr Französisch zu verbessern, und gab ihr deshalb ein Buch zur Übersetzung, das in Französisch verfasst war. Das sollte den beiden Nonnen helfen, ihr Verständnis des Buddhismus zu schulen. Aber jedes Mal, wenn ich ihr eine Unterrichtsstunde gab, blieben wir länger als nötig zusammen. Innerhalb von zwei oder drei Wochen fiel dies meinen Dharma-Brüdern auf, und sie bemerkten, dass ich verliebt war. (Es wäre schwierig gewesen, es nicht zu bemerken.) Zu meiner großen Überraschung akzeptierten sie es ohne jede Kritik. In meinem Herzen ist noch immer ein Gefühl großer Dankbarkeit für ihre Akzeptanz und Unterstützung.

Als ihre Dharma-Schwester es herausfand, konnte sie es jedoch nicht akzeptieren. Eines Tages sah ich Tränen in ihren Augen. Ich verstand. Ich wusste, dass ich das Problem lösen musste.

Nachdem unsere Stunde am nächsten Tag beendet war, sagte ich: »Liebe jüngere Schwester, ich denke, du solltest zu dem neuen buddhistischen Institut Van Ho in Hanoi gehen. Wir werden weiter studieren, praktizieren und forschen, und eines Tages werden wir einen Weg finden.« Das buddhistische Institut wurde von einer Nonne geleitet, die eine sehr offene Einstellung hatte. Von dort aus, so hoffte ich, würde sie die Möglichkeit haben, andere Schwestern zu motivieren, die Art von Veränderungen umzusetzen, die wir miteinander erörtert hatten. Es war eine schwierige Entscheidung, denn es bedeutete, dass sie dann am anderen Ende des Landes leben würde, aber ich wusste, ich hatte keine andere Wahl.

Sie senkte den Kopf und sagte nur ein einziges Wort: »Ja.« Sie vertraute mir vollkommen. Wie hätte ich mich nicht verantwortlich fühlen können?

Traurigkeit überwältigte mich. Es gab in mir das Element der Anhaftung; aber da war auch die Stimme der Weisheit: das Wissen darum, dass wir nur auf diese Weise weiter wir selbst sein konnten, Erfolg haben konnten in unseren Bemühungen, zu suchen und zu verwirklichen – es war der einzige Weg.

Ich erinnere mich noch an den Moment, als wir voneinander Abschied nahmen. Wir saßen uns gegenüber. Auch sie schien voller Verzweiflung zu sein. Sie stand auf, kam ganz nah an mich heran, nahm meinen Kopf in ihre Arme und zog mich auf ganz einfache, natürliche Weise an sich. Ich ließ die Umarmung zu. Es war das erste und gleichzeitig letzte Mal, dass wir uns körperlich berührten. Danach verbeugten wir uns und gingen auseinander.

5

Trennung und Stärke

Zwei Monate nach ihrer Abreise nach Hanoi erhielt ich einen Brief von ihr. Darin schrieb sie, dass sie meinen Anregungen genau gefolgt sei und dass sich alles, obwohl es nicht einfach für sie sei, allmählich gut entwickle. Ich schrieb zurück und versicherte sie meiner Liebe und meiner Unterstützung. Es war für uns beide eine schwierige Zeit, aber unsere Trennung hatte auch einige positive Auswirkungen. Im Laufe der Zeit und durch die Distanz waren wir in der Lage, innerlich zu wachsen, die Dinge anders zu betrachten, und unsere Liebe wurde dadurch reifer. Das Element der Anhaftung war geringer geworden, und Mitgefühl und liebevolle Güte konnten sich entfalten und erblühen. Die Trennung zerstörte unsere Liebe nicht. Sie stärkte sie.

Die Genfer Friedensverträge wurden 1954 unterzeichnet, und Vietnam wurde in zwei Teile geteilt, in den Norden und den Süden. Sie verließ Hanoi und kehrte in ihr altes buddhistisches Institut in Huê zurück. Darüber war ich sehr froh; denn sie lebte nun im gleichen Landesteil wie ich, südlich des 17. Breitengrades, und es gab somit für uns die Möglichkeit, uns wiederzusehen. Ich schrieb ihr und bot ihr wie immer meine volle Unterstützung an. Viele Flüchtlinge – Buddhisten und Katholiken – flohen vom Norden in den Süden. In dieser Zeit herrschte im Land ein großes Durcheinander. Ich hatte etliche populäre Bücher über engagierten Buddhismus geschrieben, und 1954 fragte eine Tageszeitung an, ob ich eine Reihe von Artikeln über Buddhismus schreiben wolle, die den Leuten bei der Bewältigung ihrer konkreten Probleme helfen sollten. Diese Artikel erschienen jeweils auf der Titelseite mit großen Überschriften wie »Buddhismus und die Frage nach Gott« oder »Buddhismus und die Probleme der Demokratie«. Auf diese Weise sollte der Buddhismus als etwas sehr Belebendes und Wesentliches vorgestellt werden.

Auch für das buddhistische Establishment war diese Zeit eine Zeit der Unsicherheit und Neu-

orientierung. Ich erhielt eine Einladung des An-
Quang-Instituts, eine der renommiertesten bud-
dhistischen Lehranstalten in Südvietnam, um dort
ein neues Curriculum zu entwickeln. Wir jungen
Mönche und Nonnen wollten einen Buddhismus
praktizieren, der lebendig war, der unsere tiefsten
Bedürfnisse und Wünsche zum Ausdruck brachte
und dazu beitragen konnte, unserem Land Frieden,
Versöhnung und Wohlergehen zu bringen. Diese
Einladung vonseiten des Institutsrates, ein neues
Lehrprogramm zu entwickeln, war eine großar-
tige Gelegenheit, unseren Traum zu verwirklichen.
Deshalb organisierte ich eine Reihe von Versammlungen mit Hunderten von Mönchen, Nonnen und
anderen Menschen, und wir schufen eine Atmo-
sphäre von Hoffnung, Vertrauen und Liebe. Der
Patriarch der Vereinigten Buddhistischen Kirche
war bei einer unserer Versammlungen dabei, und
er hörte aufmerksam zu, als wir jungen Mönche
und Nonnen unsere innigsten Hoffnungen über
die Zukunft des Buddhismus in Vietnam zum Ausdruck brachten.

Als ich darüber sprach, wie der Buddhismus in

die Gesellschaft eingebracht werden könnte und welche Art der Praxis ich für notwendig hielt, damit dies möglich würde, weinten viele Menschen. Zum ersten Mal begannen wir, die Zukunft zu sehen.

Wir schlugen vor, dass der Lehrplan des buddhistischen An-Quang-Instituts nicht nur die grundlegenden Lehren des Buddhismus, sondern auch westliche Philosophie, Sprachen, Wissenschaft und andere Fächer beinhalten sollte, die zum Verständnis unserer Gesellschaft und der gegenwärtigen Welt beitragen konnten. Es war ein wunderbares, ein bewegendes Gefühl, plötzlich an einem Entwicklungsprozess beteiligt zu sein, von dem ich schon so lange geträumt hatte. Natürlich gab es auch Widerstand seitens der konservativen buddhistischen Hierarchie, ebenso von Laien, die noch nicht bereit waren, den Wandel zu akzeptieren; aber mit der Unterstützung von jungen Mönchen, Nonnen und Laienbuddhisten wurden unsere Vorschläge schließlich angenommen. Wir gaben eine Zeitschrift heraus mit dem Titel *Die erste Lotosblume der Jahreszeit* – dabei dachten wir an die jungen Mönche und Nonnen, die die neuen Lotosblumen unserer Zeit waren. In dieser Zeitschrift äußerten wir uns auf natürliche und zeitgemäße Weise. Ich unterstützte die jungen Mönche und Nonnen – wusste ich doch um die Schwierigkeiten und Leiderfahrungen, mit denen sie konfrontiert waren. Viele dieser Mönche und Nonnen von damals unterrichten jetzt in Vietnam und im Westen.

Sie aber war nicht da. Sie lebte in Huê. Ich schrieb ihr viele Briefe, um sie von den Ereignissen zu unterrichten, um sie zu stützen, um ihr meine Liebe zu zeigen – aber ich erhielt nie eine Antwort.

1956 flog ich nach Huê. Zu dieser Zeit war ich im Land bereits sehr bekannt als buddhistischer Lehrer und Schriftsteller, der sich der jungen Generation annahm. Zuerst besuchte ich meinen Lehrer, den ich lange nicht gesehen hatte. Ich verbrachte mit ihm zwei wundervolle Wochen in meinem Heimatkloster. Danach besuchte ich meine Familie, und in der Folgezeit hielt ich mich für mehrere Wochen an dem buddhistischen Institut auf, an dem ich anfänglich studiert und praktiziert hatte. Überall fühlte ich mich sehr willkommen.

Ich hatte ihr schriftlich mein Kommen angekündigt und angenommen, sie würde um die Erlaubnis bitten, dass eine Dharma-Schwester sie begleitete, um mich in unserem Tempel zu besuchen. Das wäre ganz natürlich gewesen. Für mich hingegen wäre es nicht statthaft gewesen, einfach zu ihrem Institut zu gehen und zu fragen, ob ich sie sehen könnte. Aber sie kam mich nicht besuchen, und ich konnte es mir nicht erklären. Erst später erfuhr ich, dass sie keinen meiner Briefe erhalten hatte und überhaupt nicht gewusst hatte, dass ich in Huê gewesen war.

Nachdem ich vom Tempel des Vollkommenen Erwachens im Hochland wieder zu meiner Gemeinschaft in Saigon zurückgekehrt war, kam es bisweilen vor, dass ich sanft ihren Namen ausrief, um mir in meinem Gefühl der Einsamkeit etwas Linderung zu verschaffen. Meine Dharma-Brüder sagten nichts. Sie waren einfach da und unterstützten mich auf ihre stille Weise.

Meine Liebe zu ihr wurde mit der Zeit nicht geringer, aber sie war nicht mehr nur auf einen Menschen begrenzt. Ich unterstützte zu jener Zeit Hunderte von Mönchen und Nonnen; und seither sind wir Tausende geworden; doch diese Liebe ist noch immer da, stärker und größer sogar. 1956 gab es fast keine Mönche und Nonnen in Vietnam, die Sozialarbeit leisteten. Heutzutage arbeiten viele von ihnen in Krankenhäusern, Schulen und Kindergärten, und sie praktizieren tagtäglich Mitgefühl und liebevolle Güte. Auch in Plum Village sind wir Teil dieser Praxis. Engagierter Buddhismus hat inzwischen einen großen Bekanntheitsgrad erlangt, auch im Westen. Damals aber war das alles ganz neu; und ich musste mich dem Schreiben von Büchern widmen und gut praktizieren, um zu dieser Erneuerung des Buddhismus beizutragen.

Ich will hier mit der Geschichte meiner ersten Liebe zu Ende kommen. Was danach geschah, das setzt sich heute fort. Wenn Sie gelassen sind, lächeln, achtsam ein- und ausatmen, dann weiß ich, dass Sie verstehen. Sind Sie aber festgefahren in der Vorstellung von einem Selbst, einer Person, einem Lebewesen oder einer Lebensspanne, dann werden Sie die wahre Natur meiner Liebe nicht verstehen können, die nämlich Verehrung, Vertrauen und Glauben bedeutet. Der beste Weg, unsere Liebe zu unterstützen, ist, wahrhaftig wir selbst zu sein, zu wachsen und Respekt für uns zu entwickeln. Sind Sie zufrieden, unterstützen Sie uns alle, auch sie und auch mich. Auf eine Weise ist sie noch immer hier.

Bitte schauen Sie in den Fluss Ihres eigenen Lebens. Sehen Sie die verschiedenen Zuflüsse, die in ihn hineingeströmt sind, die Sie nähren und stützen. Wenn Sie das Selbst hinter dem Selbst erkennen, die Person hinter der Person, das Lebewesen hinter dem Lebewesen, die Lebensspanne hinter der Lebensspanne – dann werden Sie sehen, dass Sie ich sind und dass Sie auch sie sind. Schauen Sie zurück auf Ihre eigene erste Liebe, dann werden Sie erkennen, dass Ihre erste Liebe weder Anfang noch Ende hat. Sie verwandelt sich fortwährend.

Zweiter Teil

Die Liebe des Buddha

6

Was als Nächstes geschah

Die Geschichte im ersten Teil ist eine Liebesgeschichte, aber es ist auch eine Geschichte über die
Gelübde, über Achtsamkeit, Sangha, Bodhicitta
und Transformation. Ich sehe keinerlei Unterschied
zwischen dieser Liebesgeschichte und den Sutras
des Buddha. Wenn Sie diese Liebesgeschichte lesen,
kann Ihnen das helfen, das Dharma zu verstehen,
und wenn Sie das Dharma hören, wird Ihnen das
helfen, diese Liebesgeschichte zu verstehen. »Was
geschah als Nächstes?«, fragen Sie sich vielleicht.
Was als Nächstes geschah – das liegt an Ihnen.
»Wie heißt sie? Wo ist sie jetzt?«, mögen Sie fragen
oder auch: »Wer ist Thay? Was ist aus ihm geworden?« Diese Geschichte passiert *jetzt* und *hier;* sie
passiert Ihnen und mir. Wenn wir offenen Herzens
sind, wenn wir tief in alles hineinschauen, dann
können wir die Wirklichkeit berühren.

Der Ausdruck »erste Liebe« ist irreführend. Deshalb bin ich ja auch »stromaufwärts« gegangen und habe andere Geschichten erzählt – habe von dem Buddha-Bild in der Zeitschrift erzählt, davon, wie ich den Berg hinaufstieg und Wasser aus dem Brunnen trank, und davon, wie mein Bruder Mönch wurde. Wäre da nicht das Buddha-Bild gewesen, hätte es nicht den Brunnen gegeben, wäre mein Bruder nicht Mönch geworden – wie hätte ich meiner ersten Liebe begegnen können? Sie besteht aus »Nicht-sie«-Elementen, die aus dem Strom meines Lebens kamen, sogar schon vor meiner Geburt. Meine Vorfahren waren ihr schon begegnet. Meine »erste Liebe« war immer schon da. Sie hat keinen Anfang. In dem Augenblick, als ich das verstand, verwandelte sie sich in etwas noch viel Kraftvolleres. Dieser Same von tiefer Liebe ist in jeder und jedem von uns.

Als ich das Wasser auf dem Berg des Eremiten trank, da wurde der Strom frischen Wassers in meinem eigenen inneren Fluss gespeist. Auch das Betrachten des Buddha-Bildes war Teil des Stromes, der meinen Fluss speiste. So auch meine

Mutter und mein großer Bruder. Tatsächlich münden sie alle noch immer in meinen Fluss ein. Ich bestehe nur aus Nicht-ich-Elementen – dem Eremiten, dem Buddha, meiner Mutter, meinem Bruder und ihr. Wenn Sie fragen: »Was geschah als Nächstes?«, dann vergessen Sie dabei, dass das Selbst aus Nicht-Selbst-Elementen besteht. Weil es Sie gibt, gibt es mich. Was dann geschah, hängt von Ihnen ab.

Liebe und Mahayana-Buddhismus

Der Mahayana-Buddhismus entstand aus der großen Liebe für alle Wesen heraus und wurde von ihr inspiriert. Im Laufe seines Lebens hielt der Buddha die meisten seiner Dharma-Vorträge für Mönche und Nonnen, aber er belehrte auch Tausende von Laien, Männer wie Frauen; zu ihnen zählten Könige, Minister, Bauern, Straßenkehrer. Als Anathapindika, ein engagierter Laie, der den Buddha und die Sangha sehr unterstützte, die Lehren über Leerheit und Nicht-Selbst hörte, entwickelte er tiefes Verstehen, und er bat den Ehrenwerten Ananda, dem Buddha auszurichten, dass Laien sehr wohl in der Lage seien, diese wundervollen Lehren zu begreifen und zu praktizieren.

Aber in den Jahrhunderten, die auf den Buddha folgten, wurde die Praxis des Dharma eine exklusive

Domäne von Mönchen und Nonnen. Den Laien blieb nur, die ordinierte Sangha mit Lebensmitteln, Behausung und Medizin zu unterstützen. Im ersten Jahrhundert vor unserer Zeitrechnung war die buddhistische Praxis so ausschließlich monastisch geworden, dass eine Reaktion darauf unvermeidbar war. Die frühen Prajnaparamita-Schriften, das Ugradatta- und das Vimalakirti-Sutra sind in diesem Kontext entstanden.

Im Ugradatta-Sutra werden drei Fragen gestellt: Wie praktiziert ein Mönch (Sanskrit: *bhikshu;* Pali: *bhikkhu)?* Wie praktiziert eine oder ein Laien-Bodhisattva? Wie praktizieren Laien-Bodhisattvas, um den Mönchen oder Nonnen gleichgestellt zu sein?

Dieses Sutra berichtet davon, dass fünfhundert Laien, nachdem sie den Buddha hatten sprechen hören, den Wunsch äußerten, Mönche oder Nonnen zu werden; zweihundert weitere jedoch, die während der Dharma-Rede des Buddha den Erleuchtungsgeist zu entwickeln vermochten, äußerten diesen Wunsch nicht. Der Ehrwürdige Ananda fragte Ugradatta: »Warum wirst du nicht ein Mönch, so wie wir?« Dieser antwortete: »Ich brauche nicht Mönch zu werden. Ich kann genauso gut als Laie praktizieren.«

Am eindringlichsten wird diese Idee im Vimalakirti-Nirdesha-Sutra entwickelt. Vimalakirti, der in seiner Praxis wesentlich weiter fortgeschritten ist als alle Mönche, Nonnen oder himmlischen Bodhisattvas im Gefolge des Buddha, gibt vor, krank zu sein. Der Buddha bittet den Ehrwürdigen Shariputra, Vimalakirti aufzusuchen und sich nach seinem Befinden zu erkundigen. Shariputra antwortet: »Herr, er ist zu beredt und intelligent. Bitte, schicke jemand anderen.« Darauf fragt der Buddha Ananda und viele andere Mönche und Bodhisattvas, aber niemand möchte zu Vimalakirti gehen. Schließlich findet sich der Bodhisattva Manjushri bereit; und ihm gegenüber beweist Vimalakirti ein ums andere Mal, dass seine Einsichten viel tiefer sind als die Manjushris oder aller anderen Bodhisattvas.

Dieses Sutra war ein heftiger Angriff auf die Institution des Klosterwesens; es war ein Versuch, diese Institution zu verändern, zu öffnen, damit die Mönche und Nonnen ihre Praxis offener und mit mehr

Engagement für die gesamte Gesellschaft gestalten könnten – und nicht nur für sich selbst.

Das Vimalakirti-Sutra war so erfolgreich, dass ihm weitere folgten – eins über den Sohn Vimalakirtis, ein weiteres über eine Tochter und sogar eins über die Lehren einer Frau, die vormals Prostituierte gewesen war. Es ging letztlich darum, dass jeder Mensch, der seinen Erleuchtungsgeist verwirklicht hat, den Buddhismus lehren kann. Auch eine Prostituierte kann, wenn sie das Dharma studiert und praktiziert, eine Lehrerin für Götter und Menschen werden. In diesen Sutren erreicht das Mahayana-Ideal vom Laien-Bodhisattva seine höchste Ausformung.

In den frühen Prajnaparamita-Sutren wird an vielen Stellen die Haltung von Mönchen verurteilt, die nur für sich selbst praktizieren. Im Astasahashrika-Prajnaparamita-Sutra, auch als *Die Vollkommenheit der Weisheit in 8000 Zeilen* bekannt, heißt es: »Wenn die Königin mit einem Mann schläft, der nicht der König ist, dann kann man ihr Kind, auch wenn sie es gebiert, nicht als Kind von königlichem Blut bezeichnen. Solange du nicht zum Wohle aller

Wesen mit erleuchtetem Geist und Herzen als Bodhisattva praktizierst, bist du nicht wirklich eine Tochter oder ein Sohn des Buddha. Praktizierst du nur für dein eigenes Vorankommen, deine eigene Erlösung, so bist du nicht wahrhaftig eine Tochter oder ein Sohn des Buddha.«

Weil die Ugradatta-, Vimalakirti- und die frühen Prajnaparamita-Sutren auf die Exklusivität des frühen Buddhismus antworteten, haben sie eine gewisse aggressive Färbung, dennoch ist ihr Verständnis vielschichtig und tiefgründig.

Zu Zeiten des Saddharma-Pundarika-(Lotos)-Sutra war der Mahayana-Buddhismus jedoch bereits eine Institution mit eigenen Schulen, Tempeln und einer soliden Grundlage – eine wirkliche buddhistische Gemeinschaft von Mönchen, Nonnen und Laien, die eng zusammenarbeiteten. Der Ton des Lotos-Sutra ist aufgrund dieser gefestigteren Position ein versöhnlicher.

Der Buddha biete viele konkrete Übungen an, um den Bodhisattvas zu helfen, Einsicht und Transformation zu erlangen, und zwar nicht nur für sich, sondern für alle Wesen. Eine dieser Übungen ist die Meditation. Der erste Aspekt buddhistischer Meditation ist das Innehalten und Zur-Ruhe-Kommen *(samatha)*, und der zweite ist Einsicht, tiefes Schauen *(vipasyana)*. Ein Zweig des frühen Buddhismus ist als Vipassana bekannt geworden. Wenn wir die frühen Sutren des Mahayana-Buddhismus studieren, sehen wir, dass Vipassana, tiefes Schauen, darin von zentraler Bedeutung ist.

Das Sutra über die Kenntnis vom besseren Weg, eine Schlange zu fangen

Das Sutra über die Kenntnis vom besseren Weg, eine Schlange zu fangen, eine frühe Lehre des Buddha, ist eine hervorragende Einführung in die Lehren des Mahayana-Buddhismus. Die Offenheit, die in diesem Sutra zum Ausdruck kommt, das Nicht-Anhaften an Sichtweisen und Auffassungen, dessen Notwendigkeit hier deutlich wird, sowie das Spielerische dieses Sutra zeigen es als ein wunderbares Dharma-Tor, durch das wir in den Bereich des Mahayana-Buddhismus gelangen und erkennen können, dass alle Samen des Mahayana bereits in den frühesten Buddha-Lehren zu finden sind.

Im *Sutra über die Kenntnis vom besseren Weg, eine Schlange zu fangen*, zeigt der Buddha uns, wie wir die Wirklichkeit klar erkennen können, ohne uns in Konzepten und Vorstellungen zu verfangen. Den Lehren des Schlangen-Sutra zufolge müssen wir sehr vorsichtig sein, wenn wir das Dharma studieren, denn durch ein falsches Verständnis können wir uns und anderen schaden. Der Buddha sagt, das Dharma zu verstehen sei, wie wenn man versuche, eine Schlange zu fangen. Wenn wir die Schlange einfach am Körper packen, kann sie sich herumwinden und uns beißen. Wenn wir aber wissen, wie man sie fängt, indem man sie nämlich hinter dem Kopf mit einem Gabelstock zu Boden drückt, dann kann sie uns nichts anhaben. »Wenn du nicht mit deinem ganzen Herzen, Geist und Sein das Dharma hörst, dann kann es passieren, dass du es falsch verstehst, und dann bringt es dir und anderen mehr Schaden als Nutzen. Beim Studium des Dharma musst du vorsichtig und aufmerksam sein.«

Der Buddha sagte auch: »Es gibt immer Menschen, die die Lehren nur studieren, um ihre Neugierde zu befriedigen oder um in Streitgesprächen zu gewinnen und nicht um ihrer Befreiung willen. Bei solchen Beweggründen entgeht ihnen allerdings der wahre Geist der Lehren.

Bhikkhus, jemand, der die Lehren auf diese Weise studiert, kann mit einem Mann verglichen werden, der versucht, in der Wildnis eine giftige Schlange zu fangen. Streckt er nur einfach seine Hand aus, beißt ihn die Schlange vielleicht in die Hand, das Bein oder einen anderen Körperteil. Auf diese Weise eine Schlange fangen zu wollen bringt nichts außer Leiden ein.

Ihr Bhikkhus, genauso ist es, wenn man meine Lehren falsch versteht. Wenn ihr das Dharma nicht richtig praktiziert, dann versteht ihr vielleicht genau das Gegenteil von dem, was ich gemeint habe. Praktiziert ihr aber auf intelligente Weise, dann versteht ihr Wortlaut und Geist der Lehren, und ihr seid in der Lage, sie richtig zu erklären. Übt nicht, um lediglich zu prahlen oder um euch mit anderen zu streiten. Übt, um Befreiung zu erlangen, dann werdet ihr kaum Schmerzen oder Erschöpfung erleben.

Bhikkhus, jemand, der das Dharma intelligent studiert, ist wie ein Mann, der einen gegabelten Stock benutzt, um eine Schlange zu fangen. Trifft er in der Wildnis auf eine giftige Schlange, so drückt er die Schlange mit dem Gabelstock unterhalb des

Kopfes zu Boden und packt sie dann mit der Hand am Nacken. Selbst wenn die Schlange sich um seine Hand, sein Bein oder einen anderen Körperteil windet – sie kann ihn nicht beißen. Das ist der bessere Weg, eine Schlange zu fangen, einer, der nicht zu Schmerzen oder Erschöpfung führt.«

Wenn wir dieses buddhistische Sutra eingehend betrachten, dann entdecken wir viele Methoden, die uns später in den Mahayana-Sutren empfohlen werden. Das Prajnaparamita-Diamant-Sutra enthält einen Satz, der fast wortwörtlich aus diesem Sutra hier stammt: »Selbst das Dharma muss aufgegeben werden und erst recht das Nicht-Dharma.« Selbst wenn es das wahre Dharma ist, müssen wir es loslassen und dürfen uns nicht daran klammern.

Im gesamten Tripitaka, dem buddhistischen Kanon, werden Beispiele gegeben für ein falsches Verstehen der Buddha-Lehren. Als der Buddha sich einmal in der Nähe von Vesali allein zur Meditation zurückziehen wollte, hielt er zuvor in einem Kloster eine Lehrrede über Vergänglichkeit, über die Unreinheit des Körpers und über Nicht-Selbst. Einige Mönche fassten das Gesagte falsch auf und meinten: »Dieses Leben ist nicht wert, gelebt zu werden. Alles ist unrein und muss aufgegeben werden.« Nachdem der Buddha das Kloster verlassen hatte, um sich zurückzuziehen, begingen einige der Mönche dort Selbstmord.

Wie konnten die Mönche den Buddha so falsch verstehen? Wie konnten sie das für die wahre Lehre des Buddha halten? Tatsächlich gibt es aber auch heutzutage noch Menschen, die so denken. Der Buddha lehrte, dass es Leiden gibt; und nun denken sie, dass sie ihr Dasein beenden müssten, um das Leiden zu beseitigen. Es passiert so leicht, dass man die Buddha-Lehren missversteht.

Im *Sutra über die Kenntnis vom besseren Weg, eine Schlange zu fangen*, behauptet ein Mönch namens Arittha, der Buddha habe gesagt, dass Sinnesfreuden kein Hindernis für die Praxis seien. Die anderen Mönche versuchten, ihn von dieser Aussage abzubringen, aber er beharrte auf seinem Standpunkt. Als der Buddha davon hörte, ließ er Arittha zu sich rufen und fragte ihn in Gegenwart vieler anderer Mönche: »Arittha, ist es wahr, dass du behauptest, ich lehrte, Sinnesfreuden seien kein Hindernis für die Praxis?« Arittha antwortete: »Ja, Herr. Ich glaube, dass nach dem Geist deiner Lehren Sinnesfreuden kein Hindernis für die Praxis sind.«

Über diese Passage habe ich lange nachgedacht und außerdem etwas recherchiert. Wenn wir ein Sutra lesen, sollten wir stets sowohl den Kontext des Sutra im Auge behalten als auch die gesamte Buddha-Lehre. Dann verstehen wir eher, was wirklich geschah. Ich fand heraus, dass Arittha ein recht intelligenter Mönch von ansprechendem Wesen war. Er hatte den Buddha über die Praxis der Selbstkasteiung sprechen hören, als dieser von seinen Erfahrungen während der sechsjährigen Askese-Übung erzählte. Der Buddha entdeckte damals, dass Askese nicht hilfreich war – um erleuchtet zu werden, muss man sich auch um den eigenen Körper kümmern –, und so nahm er Reismilch und andere Nahrungsmittel von den Bewohnern Uruvelas an.

Der Buddha war ein glücklicher Mensch, und er hatte Freude an einem schönen Morgen oder an einem Glas frischen Wassers. Eines Tages, als er mit Ananda auf dem Geiergipfel stand, deutete er auf die unter ihnen liegenden Reisfelder und sagte: »Ananda, sind diese Felder nicht schön, wenn der Reis reif ist? Lass uns Mönchsroben in diesen Mustern entwerfen.« Ein anderes Mal sagte er bei einem Gang durch Vesali: »Ananda, wie schön ist doch Vesali!« Als König Mahanama den Buddha und seine Mönche zu einem Mahl einlud, bemerkte der Buddha: »Mahanama hat uns ein ausgezeichnetes Mahl bereiten lassen.« Er war sich der Güte des Essens sehr bewusst.

Ich bin Mönchen begegnet, die es nicht wagen zu sagen, dass ihnen das Essen, das sie zu sich nehmen, schmeckt. In Thailand wurde mir einmal köstlicher süßer Reis und eine Mango angeboten. Ich sagte zu meinen Gastgebern: »Das schmeckt so gut.« Mir fiel auf, dass Thai-Mönche so etwas nicht sagen. Ich denke aber, es ist kein Problem, Freude an den Dingen in uns und um uns herum zu haben, solange wir uns ihrer vergänglichen Natur bewusst sind. Wenn wir Durst haben, ist es doch nicht verkehrt, sich über ein Glas frischen Wassers zu freuen. Um es dann wirklich zu genießen, müssen wir ganz im gegenwärtigen Augenblick verweilen.

Stirbt eine Blume, dann weinen wir im Allgemeinen nicht. Wir wissen um ihre Vergänglichkeit. Wenn wir uns darin üben, achtsam zu sein in Bezug auf die Natur der Vergänglichkeit, dann leiden wir weniger und haben mehr Freude am Leben. Wenn wir wissen, dass Dinge vergänglich sind, dann schätzen wir sie im gegenwärtigen Moment. Wir wissen, dass auch die Menschen, die wir lieben, von vergänglicher Natur sind; deshalb tun wir alles, um sie jetzt glücklich zu machen. Vergänglichkeit ist nichts Negatives. Es gibt Buddhisten, die denken, wir sollten an gar nichts Freude haben, weil ja doch alles vergänglich ist. Sie glauben, Befreiung bedeute, sich aller Dinge zu entledigen und nichts mehr zu genießen. Aber ich glaube, wenn wir dem Buddha Blumen reichen, dann sieht er die Schönheit der Blumen und hat großes Wohlgefallen daran. Es hat den Anschein, als sei Arittha nicht in der Lage gewesen, zwischen der Freude am Wohlbefinden des Körpers und Geistes und dem Schwelgen in sinnlichen Vergnügungen zu unterscheiden.

Im Vimalakirti-Sutra preist der Bodhisattva Manjushri das Schweigen Vimalakirtis als »donnerndes Schweigen«, als ein Schweigen, dessen Echo noch in weitester Ferne zu hören ist und das die Kraft hat, die Fesseln der Anhaftung zu durchtrennen und Befreiung zu bringen. Das gilt auch für das »Gebrüll des Löwen«, das verkündet: »Alle wahren Lehren müssen aufgegeben werden und erst recht die Lehren, die nicht wahr sind.« Darin kommt der Geist zum Ausdruck, den wir brauchen, um das *Sutra über die Kenntnis vom besseren Weg, eine Schlange zu fangen,* wirklich zu verstehen.

In diesem Sutra sagt uns der Buddha auch, das Dharma sei ein Floß, mit dessen Hilfe wir den Fluss überqueren und ans andere Ufer gelangen können. Würden wir aber dann, am anderen Ufer angelangt, das Floß auf den Schultern weiter mit uns tragen, so wäre das unsinnig. Das Floß ist nicht das Ufer.

Dies sind die Worte des Buddha: »Ihr Bhikkhus, ich habe euch schon oft erklärt, wie wichtig es ist, zu wissen, wann die rechte Zeit gekommen ist, ein Floß loszulassen, sich nicht länger unnötig daran festzuhalten. Wenn ein Gebirgsbach über die Ufer tritt und zu einem reißenden Strom wird, der Schutt und Geröll mit sich führt, so wird ein Mann oder eine Frau, der oder die dort hinübergelangen will, überlegen: ›Wie kann ich dieses Wasser am sichersten überqueren?‹ Nachdem sie die Situation eingeschätzt hat, wird die Frau vielleicht Äste und Gras sammeln, ein Floß daraus bauen und so auf die andere Seite gelangen. Am anderen Ufer angekommen, denkt sie: ›Ich habe viel Zeit und Energie darauf verwendet, dieses Floß zu bauen. Es ist ein wertvoller Besitz, darum will ich es auf meiner weiteren Reise mitnehmen.‹ Ihr Bhikkhus, fändet ihr es klug, wenn sie das Floß auf Kopf oder Schultern an Land mit sich tragen würde?«

Die Bhikkhus antworteten: »Nein, Weltverehrter.«

Der Buddha fuhr fort: »Wie könnte sie nun weiser handeln? Sie könnte denken: ›Dieses Floß hat mir geholfen, das Wasser sicher zu überqueren. Nun lasse ich es am Ufer zurück, damit ein anderer es gleichfalls nutzen kann.‹ Wäre dies nicht weitaus klüger?«

Die Bhikkhus erwiderten: »Ja, Weltverehrter.«

Der Buddha sagte: »Ich habe über das Gleichnis vom Floß schon so oft gesprochen, um euch daran zu erinnern, wie notwendig es ist, alle wahren Lehren loszulassen und erst recht die Lehren, die nicht wahr sind.«

Ich hatte bereits viele Jahre lang das Diamant-Sutra studiert, bevor ich das Schlangen-Sutra kennenlernte, und ich war glücklich festzustellen, dass das Gleichnis vom Floß und das »donnernde Schweigen« des Buddha ihre Wurzeln in diesem frühen Sutra haben.

Das Diamant-Sutra

Ein Diamant kann alles zerschneiden, aber nichts kann einen Diamanten zerschneiden. Um unsere Verstrickungen zu durchtrennen, müssen wir eine diamantengleiche Einsicht entwickeln. Wenn Sie zunächst das *Sutra über die Kenntnis vom besseren Weg, eine Schlange zu fangen,* studieren und dann das Diamant-Sutra, werden Sie die Verbindung zwischen den beiden Schriften erkennen.

Das Diamant-Sutra gehört zu den ersten Mahayana-Sutren. In ihm findet sich ein Gespräch zwischen dem Buddha und seinem Schüler Subhuti. 1250 Bhikkhus sind dabei anwesend. In späteren Prajnaparamita-Sutren sind immer nur wenige Bhikkhus, dafür aber viele Bodhisattvas anwesend – 25.000 oder 50.000. Subhuti hat die folgende Frage gestellt: »Weltverehrter, wenn Söhne und Töchter aus guten Familien höchsten, vollkommen erwachten Geist zu erwecken suchen, auf was sollen sie sich stützen und was sollen sie tun, um ihr Denken zu beherrschen?« Subhuti wusste, dass Bodhicitta am Anfang der Laufbahn jedes Bodhisattvas steht – das tiefe Bedürfnis, uns selbst und andere Lebewesen ans Ufer der Glückseligkeit und der Befreiung zu bringen.

Hier ist die Antwort des Buddha: »Wie viele Arten von Lebewesen es auch geben mag – ob aus einem Ei oder einem mütterlichen Schoß geboren, aus Feuchtigkeit entstanden oder aus sich selbst heraus; ob diese Wesen nun Form haben oder keine Form, Wahrnehmungen haben oder keine Wahrnehmungen; oder ob von ihnen nicht gesagt werden kann, ob sie Wahrnehmungen haben oder nicht –, wir müssen all diese Wesen zum endgültigen, vollständigen Nirvana führen, damit sie Befreiung finden können.« Wir müssen geloben, für alle zu praktizieren, nicht nur für uns selbst. Wir praktizieren für die Bäume, die Tiere, die Steine und das Wasser. Wir praktizieren für Lebewesen mit Form und Lebewesen ohne Form, für Lebewesen mit Wahrnehmung und Lebewesen ohne Wahrnehmung. Wir geloben, all diese Wesen ans Ufer der Befreiung zu führen. Und dennoch – wenn wir sie alle ans Ufer der Befreiung gebracht haben, stellen wir fest, dass überhaupt kein Lebewesen ans Ufer der Befreiung gebracht wurde. Dies ist der Geist des Mahayana-Buddhismus.

Lebewesen sind niemals geboren worden, und sie sind rein von Anbeginn. Das ist die Praxis der höchsten Vollkommenheit. Während die oder der Bodhisattva Lebewesen ans andere Ufer bringt, sieht sie oder er nicht ein einziges Lebewesen. Das ist nicht schwer zu verstehen. Der Buddha sagte, es gebe vier Vorstellungen, die wir sorgsam untersuchen müssen: Selbst, Person, Lebewesen und Lebensspanne. »›Wenn die nicht zu zählende, unermessliche, unendlich große Anzahl der Wesen befreit ist, denken wir nicht, dass auch nur ein einziges Wesen befreit ist.‹ Warum ist das so? Wenn, Subhuti, ein Bodhisattva an der Vorstellung festhält, dass ein Selbst, eine Person, ein Lebewesen oder eine Lebensspanne existiert, dann ist er kein echter Bodhisattva.« Ein Bodhisattva ist befreit von jeder Vorstellung über ein Selbst, eine Person, ein Lebewesen und eine Lebensspanne.

Wir wissen, dass eine Blume aus Nicht-Blume-Elementen besteht wie Sonnenschein, Erde, Wasser, Zeit und Raum. Alles im Kosmos kommt zusammen, um die Gegenwärtigkeit einer Blume hervorzubringen, und es sind diese unbegrenzten Bedingungen, die wir »Nicht-Blume-Elemente« nennen. Der Kompost trägt zum Sein der Blume bei, und die Blume schafft mehr Kompost. Wenn wir meditieren, können wir den Kompost hier und jetzt in der Blume erkennen. Ein Mensch, der mit biologischem Gartenbau zu tun hat, weiß das bereits.

Das sind nicht nur Worte. Es ist unsere Erfahrung, die Frucht unseres Tief-in-die-Dinge-Hineinschauens. Was auch immer wir betrachten, wir können darin die Natur des Miteinander-Verbundenseins aller Dinge, ihres Interseins, erkennen. Ein Selbst ist nicht möglich ohne Nicht-Selbst-Elemente. Welches einzelne Ding wir auch immer betrachten mögen, wir erkennen darin das gesamte Universum. Das eine besteht aus den vielen. Wenn wir sorgsam mit uns selbst umgehen, kümmern wir uns auch um die, die uns umgeben. Ihr Wohlbefinden und Glück, ihre Stabilität sind unser Glück und unsere Stabilität. Sind wir frei von Vorstellungen über Selbst und Nicht-Selbst, dann haben wir auch keine Angst vor den Begriffen »Selbst« und »Nicht-Selbst«. Wenn wir aber das Selbst als unseren Feind betrachten und das Nicht-Selbst als unseren Retter, dann sitzen wir in der Falle. Dann versuchen wir, eine Sache von uns wegzuschieben und eine andere zu umarmen. Wenn uns klar wird, dass ein Sich-Kümmern um das Selbst auch ein Sich-Kümmern um das Nicht-Selbst bedeutet, sind wir frei – keins von beiden müssen wir dann von uns weisen.

Der Buddha sagte: »Nehmt Zuflucht zur Insel des Selbst.« Er hatte keine Angst davor, den Begriff »Selbst« zu verwenden, weil er frei war von jeglichen Vorstellungen. Wir Schülerinnen und Schüler des Buddha aber wagen das oft nicht. Vor etlichen Jahren schlug ich folgende Gatha vor: »Hört. Hört. Dieser wundervolle Klang bringt mich zurück zu meinem wahren Selbst.« Einige Buddhisten lehnten ab, diese Verse zu rezitieren, weil das Wort »Selbst«

darin vorkommt. So änderten sie es in: »Hört. Hört. Dieser wundervolle Klang bringt mich zurück zu meiner wahren Natur.« Als ernsthafte Schüler des Buddha wollten sie dem »Selbst« entfliehen, wurden aber stattdessen Gefangene ihrer eigenen Vorstellungen.

Wenn wir dessen gewahr sind, dass das Selbst immer aus Nicht-Selbst-Elementen besteht, dann sind wir nie Sklaven von Vorstellungen über Selbst und Nicht-Selbst – und wir brauchen auch keine Angst davor zu haben. Wenn wir sagen, der Glaube an ein Selbst bringe Schaden und sei gefährlich, dann sollten wir wissen, dass der Glaube an ein Nicht-Selbst noch gefährlicher sein kann. Sich an die Vorstellung von einem Selbst zu klammern ist nicht gut, sich aber an die Vorstellung von einem Nicht-Selbst zu klammern ist noch schlechter, weil sie schwieriger zu heilen ist. Wenn man versteht, dass das Selbst aus Nicht-Selbst-Elementen besteht, dann birgt das keinerlei Gefahr. Der Buddha hat keineswegs gesagt: »Ihr existiert nicht.« Er sagte nur: »Ihr seid ohne Selbst.«

Wir haben auch eine Vorstellung darüber, was

eine Person sei im Gegensatz zu Nicht-Person – wie zum Beispiel Baum, Reh, Eichhörnchen, Falke, Luft oder Wasser. Doch auch »Person« ist eine Vorstellung, die wir transzendieren müssen. Eine Person besteht nur aus Nicht-Person-Elementen. Wenn wir glauben, dass Gott zuerst die Menschen schuf und dann erst Bäume, Früchte, Wasser und Himmel, dann steht das nicht in Übereinstimmung mit dem Diamant-Sutra. Dieses besagt, dass der Mensch aus Nicht-Mensch-Elementen besteht. Ohne Bäume kann der Mensch nicht sein. Ohne Früchte, Wasser und Himmel kann der Mensch nicht existieren. Wenn wir auf diese Weise tief in die Dinge hineinschauen, berühren wir die Wirklichkeit und leben ein achtsames Leben. Alles betrachten und berühren wir als eine Erfahrung, nicht als eine Vorstellung. Die Vorstellung, dass der Mensch wichtiger sei als andere Lebewesen, ist falsch. Der Buddha lehrte uns, dass wir uns gut um unsere Umwelt kümmern sollten. Wenn wir für die Bäume sorgen, kümmern wir uns damit auch um die Menschen. Wir brauchen dringend diese Art der Achtsamkeit, damit unsere Kinder und deren Kinder sicher leben können. Der

Gedanke, dass der Mensch auf Kosten der sogenannten Nicht-Mensch-Elemente alles tun könne,
ist eine verblendete und gefährliche Vorstellung.

Atmen Sie ein mit der tiefen Erkenntnis, ein
menschliches Wesen zu sein. Dann atmen Sie aus
und berühren die Erde, Ihre Mutter. Stellen Sie sich
die Ströme von Wasser vor, die auf der Erdober-
fläche fließen, die Felsen und Steine, Mutter Erde
selbst, unser aller Mutter. Dann heben Sie die Arme
und atmen Sie dabei ein und aus; berühren Sie
nun die Bäume, Blumen, Früchte, Vögel, die Eichhörnchen, die Luft und den Himmel – die Nicht-
Mensch-Elemente. Wenn Ihr Kopf die Luft berührt,
die Sonne, den Mond, die Galaxien, den Kosmos
– all die Nicht-Mensch-Elemente, die zusammengekommen sind, um den Menschen möglich zu
machen –, dann werden Sie erkennen, dass all
diese Elemente zusammengekommen sind, um Ihr
Sein, Ihre Existenz zu ermöglichen. Atmen Sie weiter, strecken Sie die Arme aus, und seien Sie sich
bewusst, dass auch Sie andere Elemente durchdringen. Auch Sie, auch wir Menschen, tragen dazu bei,
dass die anderen Elemente möglich sind.

Lassen Sie uns nun gemeinsam die Vorstellung »Lebewesen« betrachten. Lebewesen sind Wesen, die Gefühle, Empfindungen haben. Nicht-Lebewesen haben keine Empfindungen. Allerdings finden Wissenschaftler es schwierig, hier eine genaue Trennlinie zu ziehen. Einige sind sich gar nicht sicher, ob Pilze Tiere oder Pflanzen sind. Der französische Dichter Lamartine stellte einmal die Frage, ob unbelebte Objekte wohl eine Seele hätten. Ich würde sagen, ja. Der vietnamesische Komponist Trinh Song Son sagte: »Eines Tages werden selbst Felsen und Kieselsteine einander brauchen.« Wie wollen wir wissen, dass Felsen nicht leiden? Nach dem Abwurf der Atombombe auf Hiroshima waren die Felsen in den Parks tot; die Japaner brachten sie weg und setzten lebende Felsen an ihre Stelle.

In den Tempeln des Mahayana-Buddhismus geloben wir, dass jegliches Wesen, ob belebt oder unbelebt, vollkommene Erleuchtung erfahren wird. Obwohl wir die Begriffe »belebt« und »unbelebt« verwenden, ist uns bewusst, dass alles Wesenheiten sind und dass die Unterscheidung zwischen belebt und unbelebt unzutreffend ist. Bodhisattvas können sehen, dass Lebewesen aus Nicht-Lebewesen-Elementen bestehen. Damit löst sich die Vorstellung von Lebewesen auf, und die oder der Bodhisattva ist befreit. Eine solche Person widmet ihr Leben der Aufgabe, den Lebewesen zu helfen, an das andere Ufer zu gelangen, ohne dass sie dabei an der Vorstellung von »Lebewesen« festhält.

Wegen unserer Neigung, Vorstellungen und Konzepte zu benutzen, um die Wirklichkeit zu erfassen, können wir die Wirklichkeit, so wie sie ist, nicht berühren. Wir konstruieren ein Bild von der Wirklichkeit, das sich mit ihr selbst aber nicht deckt. Deshalb sind diese Beispiele so wichtig, denn sie helfen uns, uns zu befreien. Sie sind keineswegs philosophisch zu verstehen. Wenn wir aus der Buddha-Lehre eine Doktrin machen, verfehlen wir ihren Zweck. Dann haben wir die Schlange beim Schwanzende ergriffen. Im Alltag versuchen wir, achtsam zu leben, um mit der Wirklichkeit in Berührung zu sein, und wir beobachten die Dinge, um ihre wahre Natur, ihr Nicht-Selbst, zu erkennen. Viele Menschen verstehen diese Lehre des Buddha falsch. Sie glauben, der Buddha leugne die Existenz von Lebewesen. Aber das stimmt nicht. Der Buddha gibt uns ein Werkzeug an die Hand, damit wir ein tieferes Verständnis und Befreiung erlangen. Ein Werkzeug sollte benutzt, nicht verehrt werden. Das Floß ist nicht das Ufer.

Die drei ersten Vorstellungen – Selbst, Person und Lebewesen – beziehen sich auf den Raum. Die vierte Vorstellung – Lebensspanne – bezieht sich auf den Zeitbegriff. Bevor Sie geboren wurden, haben Sie da bereits existiert? Gab es da ein Selbst? Seit wann haben Sie ein Selbst? Seit dem Moment der Empfängnis? Das Schwert der Unterscheidung schneidet die Wirklichkeit in zwei Teile – den Abschnitt unserer Nicht-Existenz und den Abschnitt, nachdem wir zu existieren begonnen haben. Wie wird es weitergehen? Werden wir nach unserem Tode wieder zu nichts? Dies ist eine bedrohliche Vorstellung, die alle Menschen bewegt. Was wird passieren, wenn ich gestorben bin? Wenn wir hören: »Es gibt kein Selbst«, macht uns das noch mehr Angst. Es ist so tröstlich zu sagen: »Ich existiere«, und so fragen wir: »Und was passiert, nachdem ich gestorben bin?« Wir versuchen damit, an einer Vorstellung von Selbst festzuhalten, die uns ein gutes Gefühl gibt.

Der Buddha machte eine einfache Aussage bezüglich der Existenz von Dingen: »Dies ist, weil jenes ist. Dies ist nicht, weil jenes nicht ist.« Ein Jedes hängt von allem anderen ab, um zu existieren. Wir müssen wirklich genau verstehen, was der Buddha mit diesem »Ist« meint, denn unsere Vorstellung davon unterscheidet sich vielleicht von der des Buddha. Als der Buddha sagte: »Dies ist, weil jenes ist«, wollte er damit keinesfalls eine Theorie über Sein, die das Nicht-Sein leugnet, begründen.

Der Begriff der westlichen Philosophie des »Ansichseins« kommt dem buddhistischen Terminus »Soheit« sehr nahe, der die Wirklichkeit, so wie sie ist, bezeichnet, frei von Konzepten, frei von Sich-Festklammern. Wir können die Wirklichkeit nicht greifen; sie durch Vorstellungen und Begriffe erfassen zu wollen ist, als wollte man den Raum mit einem Netz einfangen. Wir müssen also damit aufhören, Konzepte und Vorstellungen zu benutzen; stattdessen sollten wir die Wirklichkeit in einem Moment der Nicht-Konzeptualität unmittelbar zu berühren suchen. Der Buddha gab uns ein Instrument an die Hand, mit dem wir Vorstellungen und Konzepte beseitigen und die Wirklichkeit direkt berühren können. Klammern wir uns aber weiterhin an Vorstellungen und Konzepte, und seien es buddhistische, so versäumen wir diese Gelegenheit. Dann tragen wir weiter das Floß auf den Schultern. Seien wir nicht gefangen in irgendeiner Doktrin oder Ideologie, auch in keiner buddhistischen.

Die Art von Sein, von der der Buddha spricht, bezieht sich auf das Herz der Wirklichkeit. Es ist kein Gedankenkonstrukt. Unsere Vorstellung von Sein ist dualistisch – wir betrachten Sein als das Gegenteil von Nicht-Sein. Der Buddha gebraucht die Sprache anders. Wenn er »Selbst« sagt, meint er damit nicht das Gegenteil von irgendetwas. Dem Buddha ist vollkommen bewusst, dass das Selbst aus Nicht-Selbst-Elementen besteht. Das ist unser wahres Selbst.

Ist es überhaupt möglich, unsere Vorstellungen von Sein und Nicht-Sein aufzugeben, um das wahre Sein zu berühren? Natürlich ist es das. Was wäre sonst der Sinn der Praxis? Im Mahayana-Buddhismus benutzen wir Gegenvorstellungen, um uns von unseren Vorstellungen zu befreien. Wenn Sie sich in der Vorstellung von Sein verfangen, dann gibt es da die Vorstellung von Leerheit, die Sie retten kann. Wenn Sie aber vergessen, dass wahre Leerheit erfüllt ist von allem, dann verfangen Sie sich in Ihrer Vorstellung von Leerheit. Das Ratnakata-Sutra besagt, dass es besser sei, in der Vorstellung oder dem Glauben an ein Sein gefangen zu sein als in der Vorstellung von Leerheit. Von allen anderen Vorstellungen kann man sich noch durch die Vorstellung von Leerheit heilen; aber wenn man in der Vorstellung von Leerheit gefangen ist, dann ist die Krankheit unheilbar. Der Glaube, dass das Selbst da war, bevor ich geboren wurde, und dass es weiter existiert nach meinem Tode, ist ein Glaube an Beständigkeit. Der umgekehrte Glaube – dass ich nach meinem Tode zu einem völligen Nichts werde – ist der Glaube an Vernichtung. Diese Arten der falschen Betrachtung werden im *Sutra über die Kenntnis vom besseren Weg, eine Schlange zu fangen* erörtert. Buddhistisch Übende müssen vorsichtig sein, in keine der Fallen zu geraten – weder in die

Falle des Glaubens an ein beständiges Selbst (ob groß, ob klein) noch in die des Glaubens an völlige Auflösung, Vernichtung (sich in nichts auflösen). Beide Vorstellungen müssen transzendiert werden.

Eines Tages betrachtete ich ein brennendes Räucherstäbchen. Der Rauch, der von seiner brennenden Spitze kam, formte viele wunderschöne Muster in der Luft. Das Räucherstäbchen schien zu leben, wirklich da zu sein. Ich spürte eine Existenz, ein Wesen, ein Leben, und so saß ich ganz ruhig da und freute mich an meinem Selbst und an dem »Selbst« des Räucherstäbchens. Ich erfreute mich an dem Rauch, der sich fortwährend emporkringelte und verschiedenartige Formen bildete. Ich benutzte meine linke Hand, um den Rauch »einzufangen«. Der letzte Moment, in dem das Stäbchen verglühte, war besonders schön. Als an dem einen Ende kein Räucherwerk mehr vorhanden war, gab es mehr Sauerstoff an beiden Enden, so dass es für einen Augenblick ganz intensiv hellrot aufflackerte. Ich schaute voller Konzentration zu. Es war ein *Parinirvana,* ein großes Verlöschen. Wohin war die Flamme gegangen?

Wenn ein Mensch kurz vor dem Tode ist, dann geschieht es oft, dass er in diesem letzten Augenblick ganz hellwach und aufmerksam wird, um sodann, genau wie dieses Räucherstäbchen, zu erlöschen. Wohin ist die Seele gegangen? Ich hatte noch weitere Räucherstäbchen, und ich wusste, würde ich im letzten Moment mit einem neuen Stäbchen das verlöschende Stäbchen berühren, so würde die Flamme auf das neue Stäbchen übergreifen. Das Leben des erloschenen Stäbchens hätte eine Fortsetzung gefunden. Es kam nur auf den Brennstoff an, auf die Bedingungen.

Die Lehre des Buddha ist sehr klar: Wenn bestimmte Bedingungen vorhanden sind, nehmen unsere Sinne etwas wahr; dann sprechen wir von »Sein«. Wenn diese Bedingungen nicht mehr ausreichen, nehmen unsere Sinne die Abwesenheit von diesem Etwas wahr, und das bezeichnen wir dann als Nicht-Sein. Das aber ist eine falsche Auffassung. In der Schachtel sind viele Räucherstäbchen. Wenn ich dem Brennstoff ein Stäbchen nach dem anderen als Nahrung reiche, ist dann das Leben des Räucherwerks ewig?

Ist der Buddha lebendig, oder ist er tot? Es ist eine Frage des Brennstoffs. Vielleicht sind Sie der Brennstoff und setzen das Leben des Buddha fort. Wir können nicht sagen, dass der Buddha lebt oder dass er tot ist. Die Wirklichkeit transzendiert Geburt und Tod, Entstehung und Zerstörung. »Welches war dein Gesicht, bevor deine Eltern geboren wurden?« Dies ist eine Einladung, das eigene wahre Selbst zu finden, jenes Selbst, das nicht Geburt und Tod unterliegt.

10

Das Lotos-Sutra

Das Suddharma-Pundarika-Lotos-Sutra ist der König aller Mahayana-Sutren. Seine Natur ist Inklusivität und so reicht es den traditionellen buddhistischen Institutionen eine freundliche, liebevolle Hand. In jeder Tradition haften die Menschen irgendwann an ihren Methoden. Sie klammern sich an eine Form und werden so von der Schlange des Missverstehens gebissen. Deshalb ist immer wieder ein Bemühen nötig, um die Tradition zu erneuern, die Fehler zu korrigieren und Praxisformen einzuführen, die der wahren Lehre näher sind. Dies versuchten die ersten Mahayana-Sutren zu tun. Die Vorstellungen von Unbeständigkeit, Nicht-Selbst und Nirvana wurden auf neue Weise dargestellt, um den Menschen zu helfen, näher mit der ursprünglichen Lehre des Buddha in Berührung zu kommen. Weil die Autoren dieser Sutren aber Schwierigkeiten hatten, sich bei den etablierten Übungsgemeinschaften Gehör zu verschaffen, bedienten sie sich oft einer zu harten Sprache. So sagten sie beispielsweise, dass die Nonnen und Mönche, die nur praktizierten, um der Welt des Leidens zu entgehen und nicht zum Wohle aller Wesen, nicht wirklich Kinder des Buddha seien.

Im Vimalakirti-Sutra nimmt sich der Angriff auf die Shravakas wie Kanonenfeuer aus. Shariputra, der intelligenteste Schüler des Buddha, der große Bruder aller Bhikkhus, wird lächerlich gemacht und als Folge die ganze Versammlung gedemütigt. Im Lotos-Sutra aber tritt Shariputra wieder als Lieblingsschüler des Buddha in den Vordergrund. Er sitzt neben dem Buddha und erhält dessen volle Aufmerksamkeit. Der Buddha erklärt ihm, da die Zeit bisher noch nicht reif gewesen sei, habe er das Lotos-Sutra bisher nicht vorgestellt. Jetzt aber hätten die Schüler mehr Reife erlangt und könnten diese tiefste aller Belehrungen empfangen.

Die beiden Hauptaussagen im Lotos-Sutra sind:

1. Jeder Mensch hat die Fähigkeit, ein vollkommen erleuchteter Buddha zu werden.

2. Der Buddha ist überall und jederzeit gegenwärtig.

Vorher hatten die Übenden angenommen, sie
könnten *Arhat* werden und Nirvana erlangen, wenn
sie das Feuer der Begierde und der Verstrickungen
auslöschten, nicht aber, dass sie Buddha werden
könnten. Ihnen schien es ausreichend, Arhat zu
werden, weil sie nur ihr eigenes Leiden beenden
wollten. Oberstes Ziel des Lotos-Sutra war es, diese
Haltung aufzulösen und zu zeigen, dass jede Person
die Fähigkeit hat, ein vollkommen erwachter Buddha zu werden.

Die zweite wesentliche Belehrung im Lotos-Sutra
ist, dass das Leben des Buddha nicht auf einen Zeit-
raum von achtzig Jahren oder auf den Raum Indien
begrenzt ist. Man kann nicht sagen, der Buddha sei
geboren worden oder er sei gestorben. Er ist da, für
alle Zeiten. Im Avatamsaka-Sutra haben wir gesehen, dass der Buddha nicht nur Shakyamuni ist,
sondern auch Vairochana. Shakyamuni ist nur *einer*
der Wege. Vairochana *ist* der Weg.

Im Buddhismus sprechen wir manchmal von drei

Fahrzeugen *(triyana)* – dem Fahrzeug der Shravakas (Schülerinnen, Schüler), dem der Pratyekabuddhas (die, die Erleuchtung nur für sich und aus sich selbst erlangt haben) und dem der Bodhisattvas. Ziel des Shravakayana ist die Selbstbefreiung von der Welt des Leidens und das vollständige Erlöschen des Leidens. Das Pratyekabuddhayana ist das Fahrzeug derjenigen, die praktizieren und erleuchtet werden, indem sie die Natur des Miteinander-Verbunden-seins aller Dinge, des Interseins, berühren. Im Bodhisattvayana helfen wir allen Wesen, die Befreiung zu erlangen. Vor dem Aufkommen des Lotos-Sutra gab es scharfe Unterscheidungen zwischen den Drei Fahrzeugen, und die jeweiligen Anhänger kritisierten die anderen für ihre Engstirnigkeit und Begrenztheit. Im Lotos-Sutra aber lernen wir, dass alle drei Fahrzeuge eins sind: »Der Buddha, die Mittel voller Geschick benutzend, sagt, hier ist ein Weg, da ein anderer, und dies ist ein dritter Weg – die Menschen können sich einen auswählen –, aber in Wirklichkeit gibt es nur einen Weg *(ekayana)*. Die Bezeichnung »Ekayana«, »ein Fahrzeug«, wurde bereits im Satipatthana-Sutta (Die vier Verankerungen der Achtsamkeit) verwendet, und sie ist einer der Schlüsselbegriffe im Lotos-Sutra. Und das besagt nun: Ganz gleich, welcher Tradition wir angehören, wir sind Schülerin oder Schüler des Buddha. Das sind wunderbare Neuigkeiten! Heutzutage praktizieren die Menschen im Westen Theravada, Zen, Reines Land, Vajrayana und viele andere buddhistische Traditionen, und alle folgen dabei dem wahren Weg des Buddha. Das Lotos-Sutra hat Frieden und Versöhnung unter den Praktizierenden möglich gemacht.

Das Lotos-Sutra hat 28 Kapitel. Wichtig ist das zweite Kapitel über »die geschickt zu handhabenden Mittel«. Darin findet sich die Lehre, dass alle drei Fahrzeuge tatsächlich ein Fahrzeug sind. Der Buddha hat sie nur als verschiedene vorgestellt, um den Wesen in den verschiedenen Stadien ihrer Praxis zu helfen. Letztlich ist ein Arhat, wenn er nicht von Bodhicitta getragen wird, kein wahrhaftiger Schüler des Buddha, kein Arhat.

Im dritten Kapitel sagt der Buddha voraus, dass Shariputra ein vollkommen erleuchteter Buddha werden wird, und vor Aufregung darüber werfen alle ihre *sanghati*-Roben in die Luft. Zuvor war den Schülerinnen und Schülern des Buddha nicht klar gewesen, dass auch sie vollkommen erleuchtete Buddhas werden könnten. Nach dieser Voraussage des Buddha ist Shariputra voller Selbstvertrauen, und in der Folgezeit sagt der Buddha auch bei anderen Mönchen voraus, dass sie vollkommene Erleuchtung erlangen, Buddhas werden. Die erste Belehrung im Lotos-Sutra besagt also, dass alle Menschen vollkommen erleuchtete Buddhas werden können.

Im elften Kapitel finden wir die zweite Belehrung – der Buddha kann weder in Zeit noch Raum gefunden, noch auf Zeit und Raum begrenzt werden. In den ersten zehn Kapiteln gibt es Zeit und Raum. Wir sehen Menschen, die noch keine Buddhas sind und die üben, um Buddha zu werden. Wir befinden uns in der historischen Dimension der Wirklichkeit. Ab dem elften Kapitel betreten wir die letztendliche Dimension. In der historischen Dimension werden wir geboren, erleuchtet, sterben und gehen in das Mahaparinirvana ein. In der letztendlichen Dimension sind wir immer im

Nirvana. Wir sind bereits Buddha. Es gibt nichts zu tun.

Das Lotos-Sutra zeigt uns diese Wahrheit auf wundervolle Weise. Der Buddha und alle seine Schülerinnen und Schüler sitzen auf dem Geiergipfel, und der Buddha verkündet das Lotos-Sutra. Auf einmal hören alle: »Wundervoll! Wundervoll! Buddha Shakyamuni lehrt das Lotos-Sutra!« Als alle hochblicken, die gesamte Versammlung von Mönchen, Nonnen und Bodhisattvas, da sehen sie einen wundervollen Stupa, ein Bauwerk, das vor ihnen in der Luft schwebt. Der Buddha erklärt den Zuhörenden: »Der Buddha Prabhutaratna, ›Schätze im Überfluss‹, ist hier und beobachtet unser Dharma-Gespräch.« Im Lotos-Sutra befinden sich die Menschen immer, wenn sie auf dem Erdboden des Geiergipfels sitzen, in der historischen Dimension. Wenn sie ihre Aufmerksamkeit auf den Raum richten, suchen sie nach der letztendlichen Dimension. Als sie nun aber hochschauen, um Prabhutaratna, den Buddha der letztendlichen Dimension, zu sehen, können sie ihn nicht erkennen. Sie versuchen nämlich, die letztendliche Dimension mit den Augen der historischen zu sehen – durch ihre Standpunkte und Vorstellungen. Sie betrachten den Buddha als Form. Sie sehen ihn in Bezug auf Zeit und Raum, und deshalb erfassen sie nicht seine wahre Natur als Buddha.

Buddha Shakyamuni erklärt den Anwesenden, dass Prabhutaratna ein Buddha sei, der vor sehr langer Zeit vollkommene Erleuchtung erlangt und das Gelübde abgelegt habe, jedes Mal zu erscheinen und »Wundervoll! Wundervoll!« auszurufen, wenn ein Buddha in der Welt erscheint und das Lotos-Sutra lehrt. Wie können die Menschen diesen Buddha sehen? Sie können den historischen Buddha sehen, aber wie können sie den letztendlichen Buddha sehen, der nicht an Zeit und Raum gebunden ist? Der Buddha Shakyamuni weiß um das tiefe Bedürfnis der Gemeinschaft, und so versucht er mit nicht endendem Mitgefühl zu helfen.

In der Vergangenheit legte der Buddha Prabhutaratna folgendes Gelöbnis ab: »Wenn ein Buddha meinen Stupa öffnen und mich sehen möchte, muss er oder sie alle eigenen, sich manifestiert habenden Körper aus den zehn Himmelsrichtungen zurückrufen.« Shakyamuni sagt: »Ich tue mein Möglichstes, um das zu erreichen«, und er schickt von seiner Stirn aus ein kraftvolles Licht in alle zehn Himmelsrichtungen. Im nächsten Augenblick schon können die Anwesenden zahllose Buddha-Länder überall um sich herum sehen, und in jedem Buddha-Land gibt es einen Buddha Shakyamuni, der vor einer großen Versammlung das Lotos-Sutra lehrt. In diesem Moment erkennen die Schülerinnen und Schüler des Buddha, dass Buddha Shakyamuni mehr ist als nur ein Buddha, der auf der Erde lehrt, dass er mehr ist als nur eine Person. Da lassen sie die Vorstellung fallen, der Buddha sei unser Buddha, auf unserem Planeten, er sei unser Lehrer, ein menschliches Wesen mit einer Lebensspanne von vierundachtzig Jahren. Daraufhin lächelt der Buddha, der auf dem Geiergipfel sitzt, und ruft all seine sich manifestiert habenden Körper zurück auf die Erde; und innerhalb von Sekunden sitzen unzählige Buddhas Shakyamuni zusammen auf dem Geiergipfel. Die Grundbedingung für die Öffnung des Stupa von Buddha Prabhutaratna ist erfüllt worden. So weit geht der Buddha, um seinen Schülerinnen und

Schülern zu helfen, sich von ihren Vorstellungen und Standpunkten zu befreien.

Der Buddha Shakyamuni kann nun die Tür zum Stupa öffnen, aber nur eine kleine Anzahl der hier Versammelten ist in der Lage, hineinzuschauen und mit eigenen Augen den Buddha Prabhutaratna als eine Wirklichkeit zu berühren. Die meisten der Versammelten sitzen am Fuße des Berges und können überhaupt nichts sehen. Sie sind nicht auf derselben Ebene. Sie sind nicht frei genug, um die letztendliche Dimension zu sehen. Buddha Shakyamuni benutzt nun seine große Kraft und erhebt sie alle in die Luft, so dass sie sich auf derselben Ebene befinden wie die Bodhisattvas und Buddhas, und nun können sie alle in den Stupa schauen und den lebenden Buddha Prabhutaratna sehen. Das bedeutet, wir können uns mit der Unterstützung und Hilfe des Buddha vom Boden erheben, auf dem wir sitzen – dem Boden unserer Vorstellungen und Konzepte – und können die letztendliche Dimension berühren.

Jede und jeder von uns befindet sich zugleich in der historischen und in der letztendlichen Dimension. Aber wir haben es noch nicht gelernt, die letztendliche Dimension zu berühren. Wir leben nur in der historischen Dimension. Wir müssen so praktizieren, dass wir uns erheben, um unsere Anhaftung an der historischen Dimension aufzugeben und die wahre Natur von Nicht-Geburt, Nicht-Tod, nicht hoch, nicht tief, nicht eins, nicht viele zu erkennen. Von der historischen Dimension aus betrachtet, ist der Buddha Prabhutaratna längst im Nirvana; wie kann er also da sitzen und sprechen? In der letztendlichen Dimension jedoch ist er immer da, und er sagt: »Wundervoll! Wundervoll!« Wenn alle auf derselben Ebene angelangt sind, können sie Buddha Prabhutaratna leibhaftig sehen, voller Leben und Schönheit, den Buddha, der nicht durch Zeit oder Raum bedingt ist, den stets gegenwärtigen Buddha.

Als Nächstes rückt Buddha Prabhutaratna auf seinem Löwenthron etwas zur Seite und lädt Buddha Shakyamuni, den Buddha der historischen Dimension, ein, sich neben ihn zu setzen. Alle sehen, dass die historische Dimension und die letztendliche Dimension nicht zwei, sondern eins sind. Es ist Shakyamuni, der historische Buddha, der uns hilft, den Buddha der letztendlichen Dimension zu berühren.

Während wir auf dem Geiergipfel sitzen, befinden wir uns noch in der historischen Dimension. Plötzlich hören wir: »Wundervoll! Wundervoll« Die letztendliche Dimension berührt uns. Wir werfen zum ersten Mal einen Blick auf das Letztendliche. Wir möchten so gern die Tür zum Stupa öffnen und den Buddha des Letztendlichen direkt sehen, aber es ist ein weiter Weg dahin, und wir bedürfen der Hilfe unseres Lehrers. Die Tür ist geschlossen – wir können die letztendliche Wirklichkeit nicht sehen. Was ist die Tür? Sie ist unsere Verblendung, unsere Vorstellungen, unsere Unterscheidungen und Betrachtungsweisen. Die Tür zum Stupa ist in uns allen. Unser Lehrer, der Buddha Shakyamuni, versucht uns zu helfen und sagt: »Um diese Tür zu öffnen, muss ich all meine transformierten Körper zurückholen, die sich überall im Kosmos befinden. Wenn sie zum Geiergipfel zurückgekehrt sind, bin ich in der Lage, die Tür zu öffnen.« So sendet er Licht aus in die zehn Himmelsrichtungen, und wir sehen viele Buddha-Länder; in jedem von ihnen lehrt Buddha Shakyamuni. Jetzt können wir unsere gewohnte Sichtweise, Shakyamuni als eine Person zu betrachten, fallen lassen. All diese Buddhas sind Shakyamuni, und sie sitzen alle auf Lotossitzen und predigen das Saddhannu-Pandurika-Lotos-Sutra.

Die Tür ist jetzt geöffnet; aber noch immer sind die Voraussetzungen nicht reif dafür, dass wir selbst Buddha Prabhutaratna sehen können. Die Buddhas und Bodhisattvas können ihn in der Tür sehen, aber wir nicht, da wir uns in dem Land der historischen Dimension befinden. Der Buddha kennt unseren Wunsch, und kraft seines Geistes erhebt er uns langsam in die Luft. Das bedeutet, wir müssen erst die historische Dimension transzendieren, um auf gleicher Ebene zu sein mit den Buddhas und Bodhisattvas, die sich im unendlichen Raum, in der letztendlichen Dimension befinden. Dann können wir Buddha Prabhutaratna sehen.

Wenn wir immer noch an der Idee festhalten, dass Buddha Prabhutaratna und Buddha Shakyamuni verschiedenen Welten angehören, dass der Buddha der letztendlichen Dimension und der Buddha der historischen Dimension zwei sind und nicht eins, dann überwinden wir diese Sicht in dem Moment, in dem wir sehen, wie Buddha Prabhutaratna auf seinem Löwenthron zur Seite rückt, damit sich Shakyamuni neben ihn setzen kann. Was kann der Buddha sonst noch tun, um uns sehen zu helfen?

Das Lotos-Sutra und das Avatamsaka-Sutra gehören zu den schönsten Dichtungen, die je geschrieben wurden. Was die poetische Vorstellungskraft anbelangt, so ist der indische Geist unübertroffen. Die Inder benutzten ihre bildhafte Vorstellungskraft, um tiefste Einsichten auszudrücken. Sehr beliebt waren zur damaligen Zeit Stücke wie das Mahabharata, und sie beeinflussten deutlich den Stil der Lehren. Aus diesem Grund wurden das Saddharma Pundurika, das Vimalakirti-Sutra und andere Sutren wie Theaterstücke präsentiert.

In Kapitel 15 des Lotos-Sutra geschieht etwas Wundervolles. Bodhisattvas aus vielen Ländern kommen zusammen, um den Buddha zu begrüßen. Sie erzählen ihm: »Herr, wir sind gekommen, um dir beim Lehren zu helfen, der Bedarf ist hier so groß.« Der Buddha erwidert: »Danke, aber wir haben bereits genug Bodhisattvas in diesem Land.

Geht ruhig zurück in eure eigenen Länder und helft dort.« Der Buddha drückt damit sein Vertrauen in seine irdischen Schülerinnen und Schüler aus – und damit auch in uns. Dann sendet er noch mehr Licht aus, und die Erde bricht auf. Aus ihr kommen unzählige Bodhisattvas hervor, alle wunderschön in ihrer äußeren Erscheinung und ihrer Art zu sprechen und zu lehren. Sie gehen auf den Buddha zu, verbeugen sich und sagen: »Herr, wir sind in der Lage, uns um dieses Land zu kümmern. Wir brauchen keine anderen Bodhisattvas. Sie können in ihren eigenen Ländern lehren.« Der Buddha antwortet: »Ja, ihr habt Recht. Es gibt hier schon genügend Lehrer und Lehrerinnen, die sich dieser Erde annehmen.« Dann bedankt er sich bei den Bodhisattvas aus den anderen Welten und sagt: »Geht jetzt heim. Ihr werdet in euren eigenen Ländern gebraucht.«

Das erinnert sehr an die Situation heutzutage. Im Westen erscheinen viele Bodhisattvas als Lehrerinnen und Lehrer. Jedesmal, wenn in Plum Village jemand durch die Zeremonie der Übertragung der Dharma-Lampe ermächtigt wird, das Dharma zu lehren, ist das ein freudiger Anlass. Auch hier, aus diesem Land, gehen Bodhisattvas als Lehrerinnen und Lehrer hervor. Wir müssen sie unterstützen. Jedesmal, wenn sich eine oder ein Bodhisattva auf diese Weise zeigt, bin ich glücklich, und wir alle fühlen uns ermutigt. In jedem März erblühen in Plum Village auf den Hügeln des oberen Weilers Hunderttausende von gelben Narzissen. Als ich zum ersten Mal so viele dieser wunderschönen, goldgelben Narzissen aus der Erde sprießen sah, dachte ich an dieses Bild aus dem Lotos-Sutra, und so tauften wir die Hügel »Schatz des Dharmakaya«.

Shariputra fragt nun den Buddha: »Herr, du wurdest im Alter von fünfunddreißig Jahren erleuchtet, und du hast nur fünfundvierzig Jahre lang gelehrt. Wie ist es überhaupt möglich, dass du so viele brillante Schülerinnen und Schüler überall im Kosmos hast? Das ist ja fast so, als hätte ein Fünfundzwanzigjähriger siebzig oder achtzig Kinder.« Darauf sagt der Buddha: »Du verstehst das nicht, weil du mich nur in der historischen Dimension siehst. Wenn du mich in der letztendlichen Dimension siehst, wirst du verstehen, weshalb ich Millionen von Schülerinnen und Schülern haben kann, die in der Lage sind, sich um die Erde und auch um viele andere Welten zu kümmern.«

In Kapitel 23 des Lotos-Sutra betreten wir eine dritte Dimension, die wir die Dimension des Handelns nennen können. Buddhas und Bodhisattvas kommen aus der letztendlichen Dimension in die historische Dimension, um zu handeln, zu helfen, um zu tun, was getan werden muss. Der erste Bodhisattva, den wir in dieser Dimension sehen, heißt Medizin-König. Seine Praxis ist es, jeweils die Art von Körper zu manifestieren, die benötigt wird, um Hilfe zu bringen. Wenn der Körper eines Politikers, einer Polizistin, eines Mannes, einer Frau benötigt wird, so manifestiert er diesen. Wir alle haben viele Arten von Körpern, und der Medizin-König zeigt uns, wie wir denjenigen benutzen, der in einer bestimmten Situation gerade zur Heilung benötigt wird. Sein Weg ist der Weg der Hingabe, des Vertrauens und der Liebe; niemals lässt er irgendjemanden oder irgendetwas im Stich.

In 24. Kapitel begegnen wir dem Bodhisattva »Wundervoller Klang«, der jeweils die Sprache benutzt, die gerade erforderlich ist, um einem Lebewesen zu helfen. Wenn Lebewesen in Zeichensprache sprechen, so spricht er in Zeichensprache. Sprechen sie in der Sprache der Psychologie, so spricht er in der Sprache der Psychologie. Wenn sie in der Sprache von Sex oder Drogen sprechen, so spricht er in der Sprache von Sex und Drogen, um zu helfen. In seinen vergangenen Leben benutzte »Wundervoller Klang« Musik, um den Buddhas Opfergaben darzubringen. Er ist aus der letztendlichen Dimension in unsere Welt gekommen, spricht viele Sprachen und benutzt die Musik, um wirkliche Kommunikation zu ermöglichen.

Nun begegnen wir dem Bodhisattva Avalokiteshvara, einem Kind der Erde, das die Art von Handlungsweise verkörpert, die unsere Erde am meisten braucht – die Energie der Liebe. Wenn wir lieben, wollen wir ganz da, ganz gegenwärtig sein, um unsere Unterstützung anzubieten. Avalokiteshvara lehrt uns die Kunst des intensiven Zuhörens. Wenn wir diese Kunst ausüben, können wir viel Schmerz und Leid überwinden. Befinden wir uns in der Hölle und werden von den Flammen der Wut und des Hasses verzehrt, verwandeln sich diese, wenn wir Avalokiteshvara in unserem Herzen berühren, in kühles, erfrischendes Wasser. Ertrinken wir im Ozean des Leidens, im Angesicht von unzähligen Stürmen und Dämonen, und rufen dann den Namen Avalokiteshvaras, wird unser Leid transformiert, und wir werden gerettet. Wenn wir an Ketten gefesselt sind und die Achtsamkeit Avalokiteshvaras praktizieren, wird uns das befreien. Merken wir, dass andere uns vergiften wollen, und wir berühren die Liebe in uns, wird uns kein Leid geschehen. Ganz gleich, wo wir sind – stets können wir Avalokiteshvara mit seiner wunderbaren Fähigkeit, ganz da, ganz gegenwärtig zu sein, berühren.

Avalokiteshvara hat die folgenden fünf Betrachtungen verwirklicht:

1. Er hat tief in die Dinge hineingeschaut, das gesehen, was wirklich ist, Illusionen, Vorstellungen und Konzepte aufgegeben und ist zur Soheit gelangt, die frei ist von allen gedanklichen Vorstellungen.

2. Er hat die Betrachtung des reinen Geistes und

reinen Herzens verwirklicht. Wenn Vorstellungen und Verstrickungen aufgelöst sind, ist unser Geist rein und klar.

3. Er hat die Betrachtung unermesslichen Verstehens, Prajnaparamita, erlangt, ein Verstehen, das die Natur von Leerheit und wechselseitiger Verbundenheit aller Phänomene, ihr Intersein, berührt.

4. Er hat die Betrachtung des Mitgefühls, *karuna,* verwirklicht, das Leiden der Menschen gesehen und Wege gefunden, ihren Schmerz zu transformieren.

5. Er hat die Betrachtung der Liebe, *maitri,* verwirklicht; erkannt, was im Inneren der anderen vorgeht, und was zu tun ist, um ihnen Glück zu bringen, und er hat ihnen das angeboten.

Avalokiteshvara ist immer gegenwärtig. Wann immer wir ihn auch brauchen mögen – wir können ihn berühren, indem wir all dies praktizieren: tiefes Schauen, reines Herz und reinen Geist, unermessliches Verstehen, Mitgefühl und Liebe.

11

Die drei Dharma-Siegel

Jede authentische Belehrung des Buddha muss die drei Dharma-Siegel enthalten – Unbeständigkeit, Nicht-Selbst und Nirvana. Das erste Dharma-Siegel ist Unbeständigkeit. Nichts bleibt, was es ist, für auch nur zwei aufeinanderfolgende Momente. Heraklit sagte, wir könnten niemals zweimal im selben Fluss baden. Konfuzius meinte, auf einen Fluss blickend: »Er fließt, Tag und Nacht.« Der Buddha bittet uns, nicht nur über Unbeständigkeit zu reden, sondern sie als Instrument, als Werkzeug zu benutzen, um tief in die Wirklichkeit vorzudringen und befreiende Einsicht zu erlangen.

Wir könnten versucht sein zu behaupten, weil die Dinge unbeständig seien, gebe es Leiden. Aber der Buddha ermutigt uns, noch einmal hinzuschauen. Ohne Unbeständigkeit ist das Leben gar nicht möglich. Wie könnten wir unser Leiden transformieren, wenn die Dinge nicht veränderlich wären? Wie könnte unsere Tochter zu einer hübschen jungen Frau heranwachsen? Wie könnte sich die Lage der Welt verbessern? Wir brauchen Unbeständigkeit, sonst kann es keine soziale Gerechtigkeit und keine Hoffnung geben.

Sie leiden nicht deshalb, weil die Dinge unbeständig oder vergänglich sind, sondern weil Sie glauben, die Dinge seien beständig, unveränderlich. Wenn eine Blume stirbt, dann macht Ihnen das nicht besonders viel aus, denn Sie wissen und akzeptieren, dass Blumen vergänglich sind. Aber Sie werden die Vergänglichkeit eines geliebten Menschen kaum akzeptieren können, und so leiden Sie sehr, wenn diese Person stirbt. Wenn Sie die Vergänglichkeit sehr eingehend betrachten, werden Sie alles daran setzen, diesen Menschen jetzt glücklich zu machen. Vergänglichkeit ist eine gute Botschaft. Ohne Vergänglichkeit oder Unbeständigkeit wäre gar nichts möglich. Vergänglichkeit ist das Tor zu jeder Veränderung. Statt uns zu beklagen, sollten wir sagen: »Es lebe die Vergänglichkeit!« Vergänglichkeit ist ein Werkzeug für unsere Befreiung.

Das zweite Dharma-Siegel ist Nicht-Selbst. Unbeständigkeit ist ein Aspekt der Zeit; Nicht-Selbst ist ein Aspekt des Raums. Wenn wir die Lehren des Diamant-Sutra praktizieren und immer genauer die Vorstellungen von Selbst, Person, Lebewesen und Lebensspanne betrachten, entdecken wir, dass es gar keine Grenzen gibt zwischen Selbst und Nicht-Selbst, zwischen Person und Nicht-Person, zwischen Lebewesen und Nicht-Lebewesen und zwischen Lebensspanne und Nicht-Lebensspanne. Wenn wir einen Schritt auf der grünen Erde tun, dann sind wir uns der Tatsache bewusst, dass wir aus Luft, Sonnenschein, Mineralien und Wasser bestehen und dass wir Kinder der Erde und des Himmels sind, verbunden mit allen anderen Wesen, den belebten und den unbelebten. Das ist die Praxis von Nicht-Selbst. Der Buddha lädt uns dazu ein, achtsam im Samadhi des Miteinander-Verbundenseins, des Nicht-Selbst und der Unbeständigkeit zu verweilen.

Das dritte Dharma-Siegel ist Nirvana. Es bedeutet »Verlöschen« – das Verlöschen jeglicher Verstrickungen und Vorstellungen. Die drei elementaren

Verstrickungen menschlicher Wesen sind Gier, Hass und Verblendung. Verblendung *(avidya),* die Unfähigkeit, die Wirklichkeit zu verstehen, ist die grundlegende von ihnen. Weil wir verblendet sind, verlangen wir nach Dingen, die uns zerstören, und vieles macht uns wütend. Wir versuchen, nach der Welt unserer Projektionen zu greifen, und darunter leiden wir dann. Nirvana, das Ende allen Verstrickt-seins, stellt die Geburt der Befreiung dar. Das Verlöschen einer Sache bringt immer die Geburt einer anderen hervor. Wenn die Dunkelheit ausgelöscht ist, kommt das Licht hervor. Wenn Leiden beseitigt ist, sind Frieden und Glück stets gegenwärtig.

Viele Gelehrte sagen, Nirvana sei Vernichtung, das Verlöschen von allem, und die Buddhisten würde es nach dem Nicht-Sein verlangen. Aber auch sie sind von der Schlange des Nirvana gebissen worden. In vielen Sutren gibt der Buddha zu verstehen, dass die Auffassung, seine Lehre würde Vernichtung und Nicht-Sein beschreiben, nicht korrekt ist, auch wenn viele Asketen und Brahmanen es so gesehen haben. Der Buddha bietet uns Nirvana an, um uns von unserer Anhaftung an den Vorstellungen von Vergänglichkeit und Nicht-Selbst zu befreien. Wenn wir uns aber in Nirvana verfangen, wie wollen wir da je entfliehen?

Vorstellungen und Konzepte können durchaus hilfreich sein, wenn wir lernen, geschickt mit ihnen umzugehen, ohne uns darin zu verfangen. Der Zen-Meister Lin Chi sagte: »Triffst du den Buddha unterwegs, töte ihn.« Damit meint er, wenn du eine Vorstellung von Buddha hast, die dich daran hindert, Buddha direkt zu erfahren, dann bist du vom Objekt deiner Auffassung gefangen; es gibt nur einen Weg, dich zu befreien und den Buddha zu erfahren – indem du deine Vorstellung von Buddha tötest. Das ist das Geheimnis der Praxis. Wenn wir an einem Gedanken oder einer Vorstellung festhalten, versäumen wir die Chance. Es ist durchaus eine Kunst, die eigenen geistigen Konstrukte der Wirklichkeit zu transzendieren. Die Praxis besteht darin zu lernen, wie man wirklich tief in die wahre Natur der Dinge hineinschaut, eine unmittelbare Verbindung zur Wirklichkeit selbst herstellt und sie nicht nur mit Hilfe von Begriffen, Vorstellungen und Konzepten beschreibt.

Jede Lehre, die die Kennzeichen der drei Dharma-Siegel trägt, ist wirkliches Buddha-Dharma. Der Buddha gibt uns Unbeständigkeit als Instrument an die Hand, damit wir tief schauen können, wenn wir uns aber darin verfangen, dann zeigt er uns das Instrument des Nicht-Selbst. Verfangen wir uns wiederum darin, bietet er uns Nirvana, das Verlöschen aller Verstrickungen und Vorstellungen.

Im Sutra der Einhundert Gleichnisse erzählt der Buddha die Geschichte eines Mannes, der Durst hat. Als die Leute zu ihm sagen, er solle doch zum Fluss gehen, gerät er außer sich, als er so viel Wasser sieht, und sagt: »Wie soll ich denn all das Wasser trinken?« Er weigert sich zu trinken und stirbt am Flussufer. Viele von uns sterben auf ähnliche Weise. Wenn wir das Dharma des Buddha als eine Vorstellung begreifen, dann sterben wir am Leid, das aus einem falschen Verständnis über die wahre Natur der Dinge entsteht. Praktizieren wir aber das Buddha-Dharma, indem wir unsere eigene Intelligenz einsetzen, dann haben wir die Möglichkeit, von dem Wasser zu trinken und den Fluss zu überqueren – wir erreichen das andere Ufer.

12

Die Tore zur Befreiung

Die drei Tore zur Befreiung – Leerheit, Zeichenlosigkeit und Wunschlosigkeit – sind allen buddhistischen Schulen gemeinsam.

Das erste Tor ist Leerheit, *shunyata*. Leer bedeutet stets leer von etwas; also müssen wir fragen: »Leer von was?« Trinke ich alles Wasser, das sich in einem Glas befindet, dann ist das Glas leer von Wasser, nicht aber leer von Luft. Leerheit bedeutet also nicht nichtexistent. Wenn Avalokiteshvara uns sagt, die fünf Skandhas seien leer, dann müssen wir fragen: »Leer von was?« Er wird uns antworten: »Sie sind leer von einer getrennten, eigenständigen Existenz.« Das bedeutet, »A« besteht vollkommen aus »Nicht-A«-Elementen. Dieses Stück Papier ist leer von einer eigenständigen Existenz, weil es nicht aus sich selbst heraus existieren kann; es ist in gegenseitiger Abhängigkeit verwoben mit allem anderen, es muss mit allem anderen *intersein*. Unser Stück Papier besteht aus Nicht-Papier-Elementen wie Bäumen, Sonnenschein, Mineralien, Zeit, Raum und Bewusstsein. Es ist leer von einem getrennten Selbst, aber es ist erfüllt von allem anderen. Demnach bedeutet Leerheit auch gleichzeitig Fülle.

Wir können die Lehren von der Verwobenheit und wechselseitigen Bedingtheit aller Phänomene, von ihrem Intersein, unmittelbar berühren. Leerheit ist ein Tor zur Befreiung, eine Praxis, nicht bloß ein Gegenstand der Erörterung. Schauen wir tief in die Dinge hinein, werden wir die wahre Natur der Leerheit finden. Wenn uns das gelingt, dann werden wir jede Unterscheidung aufgeben und die Angst vor Geburt und Tod transzendieren.

Das zweite Tor zur Befreiung ist Zeichenlosigkeit, *alakshana*. Können wir den Buddha an Zeichen oder Merkmalen erkennen? Nein, denn wenn wir uns in Zeichen verfangen, an äußeren Erscheinungen haften, verlieren wir den Buddha. Im Diamant-Sutra erfahren wir: »Wo es etwas gibt, das durch Zeichen unterscheidbar ist, da gibt es Täuschung.« Täuschung wird aus Zeichen geboren; unsere Praxis besteht darin, über Zeichen hinauszugehen. Wenn wir uns in einer Vorstellung oder einem Zeichen verfangen haben, schließt sich das Tor zur Befreiung. Öffnen müssen wir es mit dem Schlüssel der Zeichenlosigkeit. Versuchen wir nicht, die Wirklichkeit anhand von Zeichen oder Merkmalen zu erfassen. Schenken wir unseren Wahrnehmungen nicht allzu viel Glauben.

Im Diamant-Sutra fragt der Buddha: »Was denkst du, Subhuti, ist es möglich, den Tathagata anhand körperlicher Kennzeichen zu erfassen?« Und Subhuti antwortet: »Nein, Weltverehrter. Spricht der Tathagata von körperlichen Kennzeichen, so gibt es doch keine Kennzeichen, über die zu sprechen wäre.« Subhuti bedient sich hier der Sprache der Prajnaparamita. Wenn wir die zeichenlose Natur der Zeichen sehen, sehen wir den Tathagata. Wie können wir den Tathagata finden? Der Buddha sagt uns, dass wir ihn nicht durch unsere Vorstellungen ergreifen können. Bisher haben wir meist von »Zeichen« oder »Kennzeichen« gesprochen, wir könnten aber auch »Merkmal«, »äußeres Erscheinungsbild«, »Phänomen« oder »Kennzeichnung«

sagen. Zeichen oder Merkmale dürfen wir nie mit der Wirklichkeit selbst verwechseln.

Aufgrund unserer Unwissenheit und unserer Gewohnheitsenergie nehmen wir Dinge meist falsch wahr. Wir sind Gefangene unserer geistigen Konstrukte, insbesondere unserer Vorstellungen über Selbst, Person, Lebewesen und Lebensspanne. Wir unterscheiden zwischen Selbst und Nicht-Selbst, als hätte das Selbst gar nichts mit dem Nicht-Selbst zu tun. Wir kümmern uns um das Wohlergehen des Selbst, aber wir machen uns wenig Gedanken über das Wohlergehen von allem, was Nicht-Selbst ist. Betrachten wir die Dinge in dieser Weise, basiert unser Verhalten auf falschen Wahrnehmungen. Unser Geist ist wie ein Schwert, das die Wirklichkeit in Stücke schneidet; und wir verhalten uns nun so, als existierte jedes Stück der Wirklichkeit unabhängig von den anderen Teilen. Wenn wir das eingehend betrachten, werden wir die Grenzen zwischen den durch unser Denken geschaffenen Kategorien beseitigen; dann erkennen wir das eine in den vielen und die vielen in dem einen; denn das ist die wahre Natur des Miteinander-Verbundenseins aller Dinge. Das ist der Weg der Freiheit von jeglichen Vorstellungen. Aus diesem Grunde benutzt der Buddha im Diamant-Sutra auch die Sprache der Freiheit, wenn er seinem Schüler Subhuti antwortet. Wir finden im Diamant-Sutra viele Sätze wie diesen: »Ein Bodhisattva ist kein Bodhisattva, und deshalb ist er wirklich ein Bodhisattva.« Diese Art, Dinge zu beschreiben, nennt man die Dialektik der Prajnaparamita. Der Buddha gibt sie uns, damit wir uns von unseren Vorstellungen befreien.

Wir wollen versuchen, die Dialektik der Prajnaparamita zu verstehen: Eine Tasse ist keine Tasse – deshalb ist sie wirklich eine Tasse. Ein Selbst ist kein Selbst, und deshalb kann es wahrhaftig ein Selbst sein. Wenn wir uns »A« anschauen, den Gegenstand also, den wir gerade betrachten – eine Tasse, ein Selbst, einen Berg, eine Regierung –, dann sehen wir die »Nicht-A«-Elemente darin. Tatsächlich besteht »A« nur aus »Nicht-A«-Elementen, und deshalb können wir sagen, dass »A« »Nicht-A« ist oder dass »A« nicht »A« ist. Ein Vater besteht aus Nicht-Vater-Elementen, einschließlich Kindern. Ohne ein Kind gibt es keinen Vater. Und aus diesem

Grund ist ein Vater nicht ein Vater. Dasselbe gilt für Kinder, Ehefrau, Ehemann, Bürgerin und Bürger, Präsident, für jede, jeden, für alles.

In der herkömmlichen Logik gilt: »A« ist »A« und kann niemals »B« sein. Um uns von unseren Konzepten zu befreien, müssen wir über dieses Prinzip hinausgehen. Das erste Prinzip in der Dialektik der Prajnaparamita lautet: »A« ist »Nicht-A«. Das heißt, das Wohl von »A« ist vom Wohle der »Nicht-A«-Elemente abhängig. Das Wohlergehen des Menschen hängt vom Wohlergehen der Nicht-Mensch-Elemente in der Natur ab. Ist uns das klar, ist es kein Problem, den Menschen bei seinen wahren Namen zu nennen – Baum, Luft, Frau, Fisch oder Mann. Auch den Buddha sollten wir so betrachten. Buddha besteht aus Nicht-Buddha-Elementen. Erleuchtung besteht aus Nicht-Erleuchtung-Elementen. Dharma besteht aus Nicht-Dharma-Elementen. Bodhisattvas bestehen aus Nicht-Bodhisattva-Elementen. Aussagen dieser Art finden wir im Prajnaparamita-Diamant-Sutra. Sie zeigen, auf welche Weise wir durch das zweite Tor zur Befreiung, durch das Tor der Zeichenlosigkeit, schreiten können.

Nur als theoretisches Wissen sind die drei Tore zur Befreiung ohne Nutzen für uns. Um das Tor der Zeichenlosigkeit zu öffnen und in den Bereich der Soheit, der Wirklichkeit, zu gelangen, müssen wir in unserem Alltag Achtsamkeit praktizieren. Betrachten wir die Dinge eingehend, so erkennen wir, dass sie alle zutiefst miteinander verbunden und verwoben sind. Wir erkennen, dass der Präsident unseres Landes aus Nicht-Präsident-Elementen besteht, und dazu gehören Wirtschaft, Politik, Hass, Gewalt, Liebe und so weiter. Wenn wir diese Person, die der Präsident ist, genau anschauen, dann sehen wir auch die Wirklichkeit unseres Landes, die Wirklichkeit unserer Welt. Alles, was sich auf unsere Zivilisation bezieht, kann in dieser Person gefunden werden – unsere Fähigkeit zu lieben, zu hassen, einfach alles. Ein Phänomen birgt jedes andere Phänomen in sich. Wir verdienen unsere Regierung und unseren Präsidenten, denn sie spiegeln die Wirklichkeit unseres Landes wider – die Art und Weise, wie wir denken und fühlen, die Art, wie wir unseren Alltag gestalten. Wenn wir wissen, dass »A« nicht »A« ist, wenn wir erkennen, dass unser Präsident nicht unser Präsident ist, sondern dass er wir ist, dann werden wir ihm auch nicht länger Vorwürfe machen oder ihm Schuld zuweisen. Wissen wir, dass er nur aus Nicht-Präsident-Elementen besteht, wissen wir auch, wie wir unsere Energien nutzen müssen, um eine bessere Regierung und einen besseren Präsidenten zu bekommen. Wir müssen uns um die Nicht-Präsident-Elemente und die Nicht-Regierung-Elemente in uns und in unserer Umgebung kümmern. Und wir müssen dies aktiv tun und nicht einfach nur darüber debattieren.

»Wo es etwas gibt, das durch Zeichen unterscheidbar ist, da gibt es Täuschung.« Auf einmal wird uns dieser Satz aus dem Diamant-Sutra klar. Solange wir nicht tief in die Wirklichkeit hineinschauen und ihre wahre Natur – das Miteinander-Verbundensein aller Dinge, das Intersein – erkennen, lassen wir uns von Zeichen und Vorstellungen täuschen. Nur wenn wir die zeichenlose Natur der Zeichen sehen, nur dann sehen wir den Buddha. Erkennen wir die wahre Natur von »A« – nämlich »Nicht-A« –, so berühren wir die Wirklichkeit

126

von »A«. In Zen-Kreisen sagt man: »Bevor ich zu praktizieren begann, waren die Berge Berge und die Flüsse waren Flüsse. Nachdem ich begonnen hatte zu praktizieren, waren die Berge nicht mehr Berge und die Flüsse waren keine Flüsse mehr. Jetzt, da ich schon eine Weile praktiziert habe, sind die Berge wieder Berge und die Flüsse sind wieder Flüsse.« Das ist unschwer zu verstehen.

Vorstellungen, selbst solche über den Buddha und das Dharma, sind gefährlich. Ein Zen-Lehrer war regelrecht »allergisch« gegen das Wort »Buddha«, wusste er doch, dass viele Menschen Buddha falsch verstanden. So sagte er eines Tages bei einem Dharma-Vortrag: »Ich hasse das Wort ›Buddha‹. Jedes Mal, wenn ich es sagen muss, gehe ich zum Fluss und spüle mir den Mund dreimal aus.« Die Zuhörerschaft war vollkommen still, bis schließlich ein Mann aufstand und sagte: »Lehrer, mir geht es genauso. Jedes Mal, wenn ich Sie das Wort ›Buddha‹ aussprechen höre, muss ich zum Fluss gehen und mir die Ohren dreimal ausspülen.« Das bedeutet, wir müssen all unsere Begriffe, Konzepte und Vorstellungen transzendieren und durch das Tor der Zeichenlosigkeit schreiten. »Töte den Buddha« war eine sehr drastische Art auszudrücken, dass wir das Konzept »Buddha« töten müssen, um dem Buddha eine Chance zu geben.

Diese Lehren des Diamant-Sutra sind eng mit denen aus dem *Sutra über die Kenntnis vom besseren Weg, eine Schlange zu fangen,* verbunden. Wir müssen aufpassen und sorgsam darauf achten, dass wir uns nicht an Konzepten festhaken, auch nicht an den Lehren des Buddha. »Darum dürfen wir uns weder den Dharmas verhaften noch der Vorstellung, dass Dharmas nicht existierten«, so heißt es im Diamant-Sutra. Wir müssen nicht nur die Lehren töten, sondern auch die Nicht-Lehren, damit wir die wahren Lehren erhalten. Auch das Dharma muss aufgegeben werden und erst recht das Nicht-Dharma.

Die beste Art zu praktizieren ist – entsprechend dem Geist der Nicht-Praxis –, nicht an den Formen zu haften. Nehmen wir einmal an, Sie praktizieren sehr gut Sitzmeditation. Die Leute schauen Sie an und stellen fest, dass Sie sehr fleißig meditieren. Sie sitzen perfekt, und in Ihnen beginnt sich ein

Gefühl des Stolzes zu regen. Während andere lange schlafen oder nicht pünktlich in die Meditationshalle kommen, sitzen Sie wunderbar da. Aufgrund dieses Gefühls ist aber das Glücksgefühl, das aus Ihrer Praxis resultiert, sehr begrenzt. Wenn Sie sich jedoch klar machen, dass Sie für alle mit meditieren, selbst wenn die gesamte Gemeinschaft schläft und Sie die einzige Person sind, die sitzt, dann wird Ihr Sitzen zum Wohle aller sein, und Ihr Glücksgefühl wird durch nichts begrenzt. Wir sollten auf diese Weise praktizieren – ohne Form, im Geiste der Nicht-Praxis.

Der Buddha lehrte die sechs Paramita oder Vollkommenheiten. Die erste ist Großzügigkeit oder Freigebigkeit, *dana*. *Danaparamita* sollte stets ohne Form praktiziert werden. »Wenn ein oder eine Bodhisattva Freigebigkeit praktiziert, ohne sich auf Zeichen zu stützen, so ist das Glück, das daraus entspringt, weder vorstellbar noch ermessbar.« Sind Sie bereit, die Küche zu putzen oder die Töpfe zu schrubben, dann werden Sie, wenn Sie das als Bodhisattva tun, große Freude, ein tiefes Gefühl des Glücks bei Ihrem Tun erleben. Wenn Sie aber denken: »Ich tue so viel, und die anderen leisten gar nicht ihren angemessenen Beitrag«, leiden Sie, weil Ihre Praxis auf Form basiert sowie der Unterscheidung zwischen Selbst und Nicht-Selbst. Schlagen Sie mit einem Hammer einen Nagel in ein Stück Holz und treffen dabei versehentlich einen Finger, wird Ihre rechte Hand natürlicherweise den Hammer niederlegen und sich um Ihre linke Hand kümmern. Sie trifft keine Unterscheidung wie etwa: »Ich, die rechte Hand, helfe jetzt dir, der linken Hand.« Der linken Hand helfen heißt der rechten Hand helfen. Das bedeutet, ohne Form zu praktizieren; und die Glückseligkeit, die daraus erwächst, ist grenzenlos. Auf diese Weise praktiziert ein oder eine Bodhisattva Großzügigkeit und zum Wohle aller. Wenn wir aber voller Ärger und mit dem Geist der Unterscheidung abwaschen, ist unser Glück geringer als der Inhalt eines Fingerhuts.

Die zweite Vollkommenheit, in der sich die Bodhisattvas üben, sind die Gelübde oder Regeln, *sila-paramita*. Auch diese sollten wir mit jenem Geist, also ohne Form, praktizieren. »*Ich* praktiziere die Gelübde, du aber nicht; und ich arbeite sehr hart daran.« Es gibt zum Beispiel Menschen, die vegetarisch leben, ohne an einer Form zu haften. Ihnen kommt nicht einmal in den Sinn, dass sie Vegetarier sind und andere nicht. Für sie ist es einfach natürlich und sie haben Freude daran, vegetarisch zu leben. Die Gelübde werden so zu einem Schutz, und sie werden nicht mehr als Beschränkung der Freiheit empfunden.

Dasselbe gilt für die anderen Paramitas – Geduld *(ksantiparamita)*, Energie *(viryaparamita)* und Meditation *(dyanaparamita)*. Die oder der Bodhisattva praktiziert, ohne sich auf Formen zu stützen. Deshalb ist ihre Praxis eine Praxis der Nicht-Praxis. Das ist die tiefste Form der Praxis. Die sechste Vollkommenheit, in der sich die Bodhisattvas üben, ist Verstehen *(pranjaparamita)*. Sie ist die grundlegende Paramita und wird manchmal als Behältnis für alle anderen bezeichnet. Man braucht einen guten, dichten Behälter, wenn man Wasser transportieren will, sonst läuft das Wasser aus. Praktizieren wir nicht vollkommenes Verstehen, sind wir wie ein ungebrannter Tonkrug. Das Wasser läuft heraus, ist vergeudet. Prajnaparamita wird auch als die Mutter aller Buddhas und Bodhisattvas bezeichnet. Diejenigen, die Vipassana praktizieren, das heißt tief in die Dinge hineinschauen, sind ihre Kinder. Dies sind ganz wichtige, hilfreiche Vorstellungsbilder aus den Prajnaparamita-Sutren.

Das dritte Tor zur Befreiung ist Wunschlosigkeit oder Ziellosigkeit, *apranihita*. Das bedeutet, es gibt einfach nichts, dem man hinterherrennen müsste, nichts, das es zu erreichen, zu verwirklichen gilt, nichts, das man ergreifen müsste. Diese Aussage findet sich in vielen Sutren, nicht nur in den Mahayana-Schriften, sondern auch in frühen Sutren wie dem *Sutra über die Kenntnis vom besseren Weg, eine Schlange zu fangen*.

Wir alle neigen dazu, körperlich und geistig zu kämpfen. Wir glauben, das Glück liege immer nur in der Zukunft. Die Feststellung, dass wir bereits angelangt sind, dass wir nicht mehr weiterreisen müssen, dass wir schon hier sind, kann uns Frieden und Freude schenken. Die Bedingungen für unser Glück sind bereits vollkommen vorhanden. Wir müssen uns lediglich gestatten, im gegenwärtigen Moment zu sein, dann berühren wir Frieden und

Glück. Worauf warten wir, um glücklich zu sein? Alles ist bereits da. Wir müssen uns kein Objekt schaffen, dem wir dann hinterherrennen in dem Glauben, solange wir es nicht bekämen, könnten wir nicht glücklich sein. Dieses Objekt liegt stets in der Zukunft, und wir können es niemals wirklich erhaschen. Dabei sind wir bereits im Reinen Land, im Reich Gottes. Wir sind schon Buddha. Wir müssen nur aufwachen und erkennen, dass wir bereits angelangt sind. Es ist möglich, im gegenwärtigen Moment glücklich zu sein – dies ist eine der grundlegenden Lehren des Buddha. *Drishta dharma sukha viharin* lautet die Entsprechung in Sanskrit. Das Dharma handelt vom gegenwärtigen Augenblick; das Dharma ist keine Sache von Zeit. Wenn wir das Dharma praktizieren, ihm gemäß leben, dann sind Glück und Frieden sofort mit uns. Die Heilung findet in dem Moment statt, in dem wir das Dharma umarmen.

13

Das Avatamsaka-Sutra

Das Avatamsaka-Sutra ist eine der schönsten buddhistischen Schriften. Avatamsaka heißt »Blumenmuster«, »Girlande« oder »Kranz« und bedeutet so viel wie »den Buddha mit Blumen schmücken«. Ist der Buddha nicht so schon schön genug? Warum müssen wir ihn mit Blumen schmücken? In diesem Sutra ist der Buddha nicht einfach eine Person. Er ist mehr als das.

Der historische Buddha Shakyamuni wurde vor 2600 Jahren in Kapilavastu geboren. Er heiratete, hatte ein Kind, verließ seine Familie, um zu praktizieren, wurde erleuchtet, ein bekannter Lehrer, half vielen Menschen und starb schließlich im Alter von achtzig Jahren in Kushinagara. Eines Tages lief einer seiner Schüler, Aniruddha, die Straße von Shravasti entlang, als ihn eine Gruppe von Asketen anhielt. Die Männer fragten ihn, ob der Buddha nach seinem Tode weiter existieren oder aufhören würde zu existieren. Zu Lebzeiten des Buddha bemühten sich viele Menschen, auf diese Weise den wirklichen Buddha zu verstehen. Aniruddha sagte ihnen, er wisse es nicht. Als er dann in den Jetahain zurückkehrte und dem Buddha das Geschehen berichtete, fragte dieser ihn: »Es ist schwer, den Buddha zu erfassen. Wenn du den Buddha betrachtest in Bezug auf Form, Gefühle und Wahrnehmungen, kannst du ihn dann durch diese Dinge identifizieren?« Aniruddha antwortete: »Nein, Herr.« Dann fragte der Buddha: »Kannst du den Buddha jenseits von Form, Wahrnehmungen und Geistesregungen finden?« Aniruddha verneinte auch dies. Der Buddha sagte: »Ich stehe hier vor dir, und du kannst mich nicht erfassen. Wie kannst du da erwarten, mich zu erfassen, wenn ich erst gestorben bin?« Der Buddha sprach von sich selbst als *Tathagata,* als dem, »der aus der Soheit (der Wirklichkeit, so wie sie ist), kommt und in die Soheit geht«, oder auch als »jemand, der von nirgendwoher kommt und nirgendwohin geht«, denn Soheit kann nicht auf Kommen und Gehen begrenzt werden.

Als der Mönch Vakkali im Hause eines Töpfers im Sterben lag, suchte der Buddha ihn auf. Vakkali wollte sich unbedingt aufrichten, um ihn zu begrüßen, aber dieser sagte: »Nein, Vakkali, bitte bleib liegen.« Dann erkundigte der Buddha sich nach seinem Befinden, danach, ob er starke Schmerzen habe. Vakkali sagte: »Ja, ich habe große Schmerzen.« Der Buddha fragte ihn, ob es irgendetwas gebe, das er bedauere, und Vakkali antwortete: »Ich bedauere nur, dass ich dich nicht öfter habe sehen können.« Darauf erwiderte der Buddha: »Vakkali, wenn du meine Lehre praktizierst, dann bist du stets bei mir. Dieser Körper ist nicht ich.« Es gibt viele solcher Geschichten in den Schriften. Der Buddha ist mehr als nur Form. Er ist die lebendige Lehre. Wenn wir den Weg des Buddha beschreiten, wird uns das transformieren, und wir werden stets mit dem Buddha verbunden bleiben.

Bevor der Buddha starb, sprach er zu seinen Mönchen: »Meine Freunde, das ist nur mein physischer Körper. Mein Dharma-Körper wird bei euch sein, solange ihr fortfahrt zu praktizieren. Nehmt Zuflucht zur Insel des Selbst. Der Buddha ist dort.«

Seine Aussage war sehr klar. Wenn wir den lebendigen Dharma-Körper *(dharmakaya)* berühren, werden wir uns nicht darüber beklagen, dass wir mehr als 2500 Jahre nach dem Buddha geboren wurden und ihn deshalb nicht selbst erleben und bei ihm lernen können. Der Dharmakaya des Buddha ist stets gegenwärtig, ist immer lebendig. Wo immer wir Mitgefühl und Verstehen finden, da ist auch der Buddha; und wir können ihn sehen und berühren. Der Buddha als das lebendige Dharma wird manchmal auch *Vairochana* genannt. Er besteht aus Licht, Blumen, Freude und Frieden; mit ihm können wir gehen oder sitzen und wir können seine Hand ergreifen. Betreten wir das Reich von Avatamsaka, so begegnen wir dort dem Buddha Vairochana.

Im Reich von Avatamsaka gibt es viel Licht. Der Buddha und alle Bodhisattvas bestehen aus Licht. Lassen wir uns von diesem Licht berühren, denn es ist die Erleuchtung des Buddha. Im Avatamsaka-Reich werden wir zu Licht, und auch wir beginnen, es auszustrahlen. Lassen wir uns vom Licht transformieren. Achtsamkeit ist Licht. Wenn Sie allein Gehmeditation praktizieren und dabei jeden Schritt voller Freude tun, senden Sie das Licht der Achtsamkeit, der Freude und des Friedens aus. Immer, wenn wir uns begegnen, trifft mich einer der Lichtstrahlen, und augenblicklich kehre ich zum gegenwärtigen Moment zurück. Auch ich beginne, langsam und voll tiefer Aufmerksamkeit zu gehen, und ich genieße jeden Schritt. Auf gleiche Weise können Sie sich von den Lichtstrahlen berühren lassen, die es überall im Avatamsaka-Reich gibt. Lassen Sie uns gemeinsam das Avatamsaka-Reich betreten und dort Freude finden. Später können wir die Tür dann auch für andere öffnen.

Im Reich von Avatamsaka gibt es viel Raum. Unermesslich groß ist das Reich und grenzenlos. Es gibt dort genug Platz für alle – drinnen wie draußen –, denn die Verdienste, die durch die Praxis gemehrt werden, sind ungeheuer groß. Den Wesen im Avatamsaka-Reich mangelt es nie an Raum oder Zeit. Deshalb haben sie so viel Freiheit. Die Buddhas und Bodhisattvas dort heißen uns willkommen und bieten uns unendlichen Raum. Wir fühlen uns sehr frei, sehr wohl und entspannt im Reich von Avatamsaka.

Das Dritte, was uns ins Auge fällt, sind die Blumen. Sie sind überall. Wohin wir auch schauen, nach oben, unten, vor uns, hinter uns, links, rechts – überall sehen wir Blumen. Tatsächlich werden die Augen, mit denen wir sehen, zu Blumen; und zu Blumen werden die Ohren, mit denen wir hören. Die Lippen, mit denen wir sprechen, verwandeln sich in Blumen; und zu Blumen werden die Hände, mit denen wir den Tee empfangen. So geschieht es im Reich von Avatamsaka. Dort gibt es riesige Lotosblumen – so groß, dass drei oder vier Menschen darauf sitzen können! Jede dieser Lotosblumen hat mehr als tausend Blütenblätter, und wenn wir uns ein Blütenblatt genau anschauen, so sehen wir, dass es selbst eine Lotosblume ist mit abermals tausend Blütenblättern. Jedes dieser Blütenblätter ist wiederum eine Lotosblume aus tausend Blättern, und keine dieser Lotosblumen ist kleiner als die erste. Und so geht es weiter in alle Ewigkeit. Das mag vielleicht seltsam klingen, aber so geschieht es im Reich von Avatamsaka. Wir können nicht sagen, dass hier ein Ding größer sei als das andere. Diese Vorstellung von größer und kleiner ist gar nicht vorhanden, und auch nicht die Vorstellung von eins und viele. Wenn wir uns den zweiten Lotos betrachten und dessen tausend Blütenblätter, von denen jedes ebenfalls aus einem Lotos mit tausend Blütenblättern besteht, erkennen wir die vielen in dem einen und das eine in den vielen – das Wunder wechselseitig miteinander verbundenen, einander durchdringenden Seins, des Interseins.

Was sehen wir noch? Wir sehen den weiten, unendlich großen Ozean. Die Verdienste, die wir erwerben, die Freude, die wir genießen, und der Frieden, den wir erfahren, sind so unermesslich groß, dass man sie gar nicht anders beschreiben kann. Das Wort »Ozean« wird sehr oft im Avatamsaka-Reich benutzt – Ozean des Verdienstes, Ozean der Glückseligkeit, Ozean der Einsicht, Ozean der Gelöbnisse. Wir geloben, vielen Menschen Glück zu bringen, und unsere Gelöbnisse sind so gewaltig, dass nur ein Ozean sie bergen kann. Wir erfahren so große und intensive Freude, einen solchen Frieden, dass nur der Ausdruck »Ozean« sie angemessen zu umschreiben vermag.

Das Avatamsaka-Reich ist auch angefüllt mit

kostbaren Edelsteinen – mit Juwelen der Einsicht, des Verstehens und des Glücks. Alles, was wir berühren, verwandelt sich, um uns zu erfreuen, in Juwelen. Wir brauchen sie nicht einmal zu besitzen, weil uns jedes Juwel, das uns zur Freude gereicht, zur Verfügung steht. Jede Person, jedes Ding ist hier ein Juwel. Jede Minute ist ein kostbares Juwel, und in jedem Juwel findet sich eine Vielzahl weiterer Juwelen. Wir brauchen sie nicht anzuhäufen. Ein Juwel genügt, denn in dieser Welt enthält eins alle. Das Bild von Indras Juwelennetz wird im Avatamsaka-Sutra benutzt, um damit die unendlichen Möglichkeiten der wechselseitigen Verbundenheit und des Ineinander-Greifens aller Dinge anschaulich zu machen. Dieses Netz ist geknüpft aus einer unendlichen Vielzahl funkelnder Steine, jeder davon mit unzähligen Facetten. Jeder Edelstein spiegelt jeden anderen Stein im Netz wider, und sein Bild wird wiederum von jedem anderen Stein reflektiert. Jeder Edelstein enthält alle anderen Steine. Wir brauchen hier also gar nicht gierig zu sein. Ein einziger Edelstein kann uns vollkommen zufrieden stellen.

Es gibt viele bunte Wolken in der Avatamsaka-Welt. In den buddhistischen Sutren stehen Wolken für Regen, und Regen bedeutet Glückseligkeit. Ohne Regen kann nichts wachsen. Deshalb sprechen wir auch vom Dharma-Regen, dem Regen des farbenprächtigen Dharma. Farbenfroher Regen und bunte Wolken beschützen uns, und sie bringen uns viel Freude und Glück. Eine der zehn Stufen, die ein Bodhisattva durchläuft, ist die »Dharma-Wolken-Stufe«, auf dieser Stufe machen die Bodhisattvas viele Menschen glücklich mit ihrem Dharma-Regen.

Im Avatamsaka-Reich finden wir auch wunderschöne Löwenthrone. Wenn wir das Avatamsaka-Reich betreten und einen Löwen-Bodhisattva laufen sehen, ist das für uns sehr inspirierend. Wann immer wir uns setzen möchten, finden wir einen Löwenthron eigens für uns angefertigt. Wir brauchen uns dort nur hinzusetzen. Mehr gibt es nicht zu tun. Unsere Freude, unser Frieden und unsere Glückseligkeit im Avatamsaka-Reich sind grenzenlos. Es gibt auch einen hübschen Sonnenschirm im Avatamsaka-Reich, der die Wärme und die Freude der Achtsamkeit, in der wir verweilen, versinnbildlicht. Wenn wir Achtsamkeit wahren, ganz im Einklang mit uns selbst sind, dann leben wir in dieser Wärme und Freude. Beschützt durch die Achtsamkeit, erlangen wir tiefe Einsicht und wirklichen Frieden. Treten wir ins Avatamsaka-Reich ein, so begegnen wir all diesen wundervollen Dingen.

Nach unserer Ankunft wollen wir vielleicht dem Buddha unseren Respekt erweisen. Lassen Sie uns also gemeinsam das zwanzigste Kapitel des Avatumsaka-Sutra aufschlagen und nach dem Buddha Shakyamuni schauen. Wenn wir nachfragen, wo er sich wohl aufhalten mag, erfahren wir, dass er sich in einem Palast des Suyama-Himmels aufhält, und wir fragen nach dem Weg. Nach nur ein oder zwei Schritten aber bedeutet uns jemand, dass der Buddha bereits hier sei. Wir müssen gar nicht zum Suyama-Himmel gehen. Und tatsächlich sehen wir den Buddha Shakyamuni gerade vor uns unter dem Bodhibaum sitzen. Wir haben vielleicht gedacht, das Dorf Uruvela sei eigentlich in Indien; aber hier im Avatamsaka-Reich sehen wir den Buddha, wie er mit den Kindern des Dorfes Uruvela unter dem Bodhibaum sitzt.

Dann kommt jemand aus dem Suyama-Himmel und erzählt uns, dass der Buddha sich dort im Palast aufhalte. Das ist verwirrend. Wie kann eine Person gleichzeitig an zwei Orten sein? Wie kann er denn unter dem Bodhibaum und gleichzeitig im Palast von Suyama sein? So etwas aber geschieht im Avatamsaka-Reich. Weil dort so viel Licht ist, so viel Glückseligkeit, weil es so viele Juwelen dort gibt, ist es dem Buddha Shakyamuni möglich, überall zur gleichen Zeit zu sein.

Aber nicht nur Shakyamuni kann dieses Wunder vollbringen. Alle Wesen im Avatamsaka-Reich sind dazu in der Lage. Auch wir können überall zugleich sein. Von jedem Punkt des Kosmos aus können Menschen uns berühren, ganz gleich, wo wir sind, ganz gleich, wo sie sind. Weder Zeit noch Raum begrenzen uns. Wir gelangen überall hin; wir sind überall. Wann immer jemand etwas voll tiefer Achtsamkeit berührt, es genau und eingehend betrachtet, berührt sie oder er uns. Es klingt vielleicht merkwürdig, aber im Avatamsaka-Reich ist das immer so.

Wann immer ich eine Blume berühre, berühre ich die Sonne, aber ich werde nicht verbrannt. Berühre ich die Blume, so berühre ich auch eine Wolke, ohne deshalb zum Himmel zu fliegen. Berühre ich die Blume, dann berühre ich gleichzeitig mein Bewusstsein, Ihr Bewusstsein und den großen Planeten Erde. Das ist das Avatamsaka-Reich. Dieses Wunder wird möglich durch die Einsicht in die Natur des Miteinander-Verbundenseins aller Dinge, des Interseins. Wenn Sie eine Blume wirklich berühren, berühren Sie den gesamten Kosmos. Der Kosmos ist weder eins noch viele. Berühren Sie eins, so berühren Sie viele, und berühren Sie viele, so berühren Sie eins. Wie der Buddha Shakyamuni können Sie überall zur gleichen Zeit sein, mit jedem Wesen und mit allem verbunden.

Bevor ich 2005 nach Vietnam reiste, war es mir fast 40 Jahre lang nicht möglich gewesen, zurückzukehren. Doch etliche Generationen von jungen Mönchen, Nonnen und Laien haben mich durch meine Bücher und Kassetten berührt, die handgeschrieben oder kopiert im Untergrund verbreitet wurden; ebenso berührten sie mich durch die Praxis der Gehmeditation und ihr tiefes Schauen. Dadurch war ich in der Lage, mit den Menschen in Verbindung zu bleiben, mit den Blumen, den Bäumen und den Wassern Vietnams, während ich die Menschen, die Blumen, die Bäume, die Wasser Europas und Nordamerikas berührte. Ja, ein Händeklatschen reicht aus, um Myriaden von Galaxien zu berühren. Die Wirkung eines Geräuschs kann nicht ermessen werden. Jeder unserer Blicke, jedes Lächeln, jedes Wort reicht bis zu weit entfernten Universen und beeinflusst jedes lebende und nicht lebende Wesen im Kosmos. Alles berührt alles andere. Alles durchdringt alles andere. Das ist die Welt von Avatamsaka, und das ist auch unsere Welt. Wenn wir tief in die Dinge hineinschauen und sie tief berühren, können wir unsere Welt in die Welt von Avatamsaka verwandeln. Je mehr wir uns darin üben, tief in die Dinge hineinzuschauen, desto mehr Licht ist da, desto mehr Bäume gibt es, desto mehr Ozeane, Raum, Sonnenschirme, Juwelen und Wolken. Es hängt ganz von uns ab.

Wenn der Buddha strahlendes Licht aussendet,
leuchten alle zehn Himmelsrichtungen.
Jedes Wesen im Himmel und auf Erden
kann ihn sehen, frei und unbehindert.

Wenn Sie Licht ausstrahlen, helfen Sie anderen
Menschen zu sehen, denn Ihr Licht weckt sie auf.
Der Buddha strahlt helles Licht aus und strahlt
damit in alle zehn Himmelsrichtungen. Jeder
Mensch sieht den Buddha, frei und unbehindert.

Der Buddha sitzt im Palast von Suyama
und durchdringt doch alle Welten im Kosmos.
Das ist ein außergewöhnliches Ereignis,
ein Wunder für die ganze Welt.

Wie kann der Buddha, wenn er im Palast von
Suyama sitzt, gleichzeitig überall im Kosmos zuge-
gen sein? Es ist ein Wunder. Aber nicht nur der
Buddha kann dieses Wunder vollbringen – wir alle
können es. Wir sitzen hier, aber unsere Gegenwart
durchdringt den gesamten Kosmos. Menschen, die
etwas Einsicht und Achtsamkeit besitzen, können

uns berühren, wo immer sie sich befinden mögen. Berühren Sie und schauen Sie. Sie spüren und fühlen das, was Sie berühren möchten, genau dort, wo Sie gerade sind.

Alle Dinge sind ohne Herkunft,
und niemand kann sie erschaffen.
Es gibt keinen Ort, an dem sie entstehen.
Sie können nicht unterschieden werden.

Alle Dinge sind ohne Herkunft. Sie sind von nirgendwoher gekommen, denn sie sind frei von Vorstellungen von Sein und Nicht-Sein. Sie sind niemals geboren worden. Wir können sie weder mit unseren Begriffen erfassen noch sie anhand unserer geistigen Kategorien unterscheiden. Sie sind nirgendwoher gekommen; sie werden nirgendwohin gehen. Es gibt keinen Urheber, keinen Schöpfer. Das ist die wahre Natur der Wirklichkeit. Wir können nur dann die Dinge wirklich berühren und erfahren, wenn wir uns frei machen von allen Konzepten über Geburt und Tod, Schöpfer und Erschaffenes. Alle Dinge sind ohne Herkunft; sie sind also nicht geboren worden. Da sie niemals geboren wurden, kann es auch kein Erlöschen geben. So sind die Dinge im Avatamsaka-Reich.

> *Alle Dinge sind ohne Geburt*
> *und auch ohne Erlöschen.*
> *Diejenigen, die das verstehen,*
> *werden den Buddha sehen und berühren.*

Durchdringen wir die Wirklichkeit von Nicht-Geburt und Nicht-Tod, die Wirklichkeit des Dharma, der Dinge, der Realität, dann ist es nicht schwer für uns, den Buddha zu berühren.

Wenn wir im Avatamsaka-Reich umhergehen, den Buddha einatmen, den Buddha ausatmen, auf dem Buddha gehen, auf dem Buddha sitzen, erkennen wir, dass der Buddha hier das lebendige Dharma ist, Vairochana, die Wirklichkeit, so wie sie ist, Soheit – und wir sind eins mit ihm. So angenehm ist es im Reich von Avatamsaka, und es ist ganz in unserer Reichweite. In dem Augenblick, in dem wir es wollen, können wir in diese Welt des Lichts, der Ozeane, Dharma-Wolken, Juwelen, Löwenthrone und Blumen eintreten. Hier und jetzt können wir dorthin gelangen. Nicht einen einzigen Augenblick unseres Lebens brauchen wir zu vergeuden. Wir brauchen nur den Schritt ins Avatamsaka-Reich zu tun, um das Leben vollkommen zu genießen.

Das Land von Avatamsaka ist ein Produkt unseres Geistes. Es hängt ganz von uns ab, ob wir in der *saha*-Welt leben voller Leid, Diskriminierung und Krieg oder ob wir in der Avatamsaka-Welt leben, die voller Blumen, Vögel, voller Liebe, Frieden und Verstehen ist. Der Kosmos ist ein geistiges Konstrukt. Alles kommt aus unserem Geist. Wenn unser Geist voller Verstrickung und Verblendung ist, leben wir in einer Welt der Verstrickung und Verblendung. Ist unser Geist hingegen rein und von Achtsamkeit, Mitgefühl und Liebe erfüllt, so leben wir in der Avatamsaka-Welt.

Im Avatamsaka-Sutra wird der Kosmos als Lotosblume mit vielen Blütenblättern beschrieben, von denen jedes Blütenblatt wiederum Lotosblumen enthält, deren Blütenblätter ebenfalls voller Lotosblumen sind usw. Wenn wir im Avatamsaka-Reich ein Ding betrachten, so finden wir alles im Kosmos

Existierende darin. Vorstellungen von Klein und Groß gibt es hier nicht. Betrachten wir den Ozean, dann mögen wir uns im Vergleich zu ihm klein und unbedeutend fühlen. Betrachten wir den Sternenhimmel, so haben wir vielleicht den Eindruck, wir seien gar nichts. Der Gedanke aber, der Kosmos sei groß und wir seien ganz klein, ist nichts als eine Vorstellung. Sie gehört zu unserem Geist und nicht zur Wirklichkeit. Wenn wir eingehend eine Blume betrachten, dann sehen wir den gesamten Kosmos in ihr. Ein Blütenblatt ist die gesamte Blume und das gesamte Universum. In einem einzigen Staubkorn sind viele Buddha-Länder enthalten. Praktizieren wir diese Art der Meditation, dann lösen sich unsere Vorstellungen über groß und klein, eins und viele einfach auf.

Das Bild einer Blume, die den gesamten Kosmos repräsentiert, kann uns viel lehren. Im Diamant-Sutra ist die Unterscheidung zwischen Selbst und Nicht-Selbst, zwischen Person und Nicht-Person, Lebewesen und Nicht-Lebewesen sowie Lebensspanne und Nicht-Lebensspanne aufgehoben. Hier im Avatamsaka-Reich entdecken wir, dass die sogenannten belebten Dinge sich in keiner Weise von den unbelebten Dingen unterscheiden, dass lebende Dinge aus Nicht-lebend-Elementen bestehen. Auch Wissenschaftler gelangen allmählich zu der Erkenntnis, dass das, von dem wir annahmen, es sei unbelebt, tatsächlich Leben beinhaltet. Wir können keine Trennungslinie ziehen zwischen belebten und unbelebten Dingen. Wenn wir die Erde unter diesem Aspekt betrachten, dann erkennen wir, dass der gesamte Planet ein lebender Organismus ist, und wir können nicht länger zwischen Menschen und Nicht-Menschen, zwischen Tieren und Pflanzen, zwischen Pflanzen und Mineralien unterscheiden. Wir sehen die Erde einfach als den schönen Körper eines lebenden Wesens, und wir erkennen, dass jede Verletzung eines der Körperteile eine Verletzung des gesamten Organismus bedeutet. Wenn uns klar ist, dass die Erde ein lebender Organismus ist, dann ist uns auch klar, wie wir sie schützen müssen; denn wenn wir die Erde und die sie umgebende Luft schützen, beschützen wir damit auch uns selbst. Alles ist mit allem anderen verbunden. Wenn wir die Erde retten, retten wir uns selbst, unsere Kinder und Kindeskinder. Dieser Gedanke ist tief in der Lehre des Buddha verankert. Buddhistischen Mönchen und Nonnen ist es verboten, die Vegetation abzubrennen, Bäume zu fällen, ja sogar, ohne triftigen Grund Gras zu mähen.

Täglich rezitieren buddhistische Novizen: »Ich will für die Erleuchtung der lebenden und der nicht-lebenden Wesen praktizieren.« Dies ist eine Lehre aus dem Diamant-Sutra. Wir schützen die Erde, weil wir Mitgefühl und Respekt für alle Dinge empfinden, für belebte und unbelebte. Diejenigen, denen der Schutz der Erde ein ernstes Anliegen ist, sollten das Diamant-Sutra und das Avatamsaka-Sutra studieren. Den Kosmos als Blume zu betrachten ist ein wunderschönes Bild. Jede Blume hat viele Blütenblätter, und in jedem von ihnen sieht man die ganze Blume. Das eine ist die vielen, und die vielen sind das eine. Als sechzehnjähriger Novize lernte ich die letzten Verse der »Lobreden im Palast des Suyama-Himmels« aus dem Avatamsaka-Sutra auswendig:

Wollen Menschen die Buddhas
aller Zeiten erkennen,
dann sollten sie die Natur des Kosmos betrachten:
Alles ist nur geistiges Konstrukt.
Es ist wie bei einem Maler,
der verschiedene Farben aufträgt.
Verblendung greift nach verschiedenen Formen,
doch die Elemente lassen sich nicht unterscheiden.
In den Elementen gibt es keine Form,
noch enthält die Form Elemente.
Und dennoch kann jenseits der Elemente
keine Form gefunden werden.
Im Geist gibt es kein Bild,
im Bild keinen Geist.
Dennoch kann jenseits des Geistes
kein Bild gefunden werden.

Alles hängt davon ab, wie wir sehen. Der Geist erfindet unzählige Formen und Gedanken, und unsere Welt ist ein Produkt dieses Greifens. Die Elemente – Wasser, Feuer, Erde und Luft – und die Formen in unserem Geist scheinen zwei unterschiedliche Dinge zu sein. Bei eingehender Betrachtung sehen

wir, dass es keine Form in unserem Geist gibt, wenn
es keine Elemente gibt, und es gibt keine Elemente
ohne Formen. Formen und Elemente sind wechselseitig miteinander verbunden. Eins kann ohne das
andere nicht sein.

Dieser Geist hört nie auf,
alle Formen zu manifestieren,
unzählbar, unbegreiflich viele,
die nichts voneinander wissen.
Gerade wie ein Maler,
der seinen eigenen Geist nicht kennen mag,
aber dennoch aus diesem Geist heraus malt,
so ist die Natur aller Dinge.

Ein Meister der Malerei kennt vielleicht seinen
eigenen Geist nicht, aber er malt aus diesem Geist
heraus. Die Natur der Phänomene dieser Welt ist
genauso. Alle Dinge (Dharmas) werden aus unserem eigenen Geist geboren. Die Welt, wie sie sich
uns zeigt, ist ein geistiges Konstrukt.

Der Geist ist wie ein Künstler,
er kann die Welten malen:
Aus dieser Art, wie der Geist funktioniert,
werden die fünf Skandhas geboren.
Es gibt nichts, was er nicht vollbringt.
Wenn die Menschen wissen, wie der Geist
* funktioniert,*
um all diese Welten zu erschaffen,
werden sie den Buddha zu sehen vermögen
und die wahre Natur eines Buddha verstehen.

Dies ist eine Anregung für uns, wie wir den Buddha berühren können – nicht etwa, indem wir nach einer Person oder einer Nicht-Person suchen, einem Namen, einem Merkmal, nach Prestige oder nach einer Tradition, sondern indem wir den eigenen Geist beobachten und sehen, wie er funktioniert.

Der Geist erschafft alles – unsere Furcht, unseren Kummer, Geburt, Tod, Gewinn und Verlust, die Hölle, Liebe, Hass, Verzweiflung und Unterscheidung. Wenn wir praktizieren, werden wir verstehen, auf welche Weise der Geist die Dinge konstruiert, und wir werden den Buddha berühren.

Als junger Novize lernte ich diese Verse auswendig und rezitierte sie jeden Abend und langsam begann ich zu verstehen. Wenn wir die Buddhas aller zehn Himmelsrichtungen, die Buddhas der drei Zeiten berühren wollen, müssen wir die Natur des Kosmos erkennen, und wir stellen fest, dass alles ein geistiges Konstrukt ist. Die erste Lehre des Avatamsaka-Sutra besagt, dass alles Geist ist. Geist bedeutet nicht Geistesbewusstsein, Intellekt, Verstand, sondern etwas sehr viel Tieferes, etwas Individuelles und Kollektives. Sorgen Sie sich nicht, wenn Sie das nicht verstehen. Sie müssen gar nichts verstehen. Erfreuen Sie sich einfach an den Worten dieses Sutras voller Schönheit. Wenn Sie sich dabei leichter fühlen, so ist das genug. Es ist unnötig, dass Sie ein schweres Gewicht auf Ihren Schultern verspüren. Eines Tages werden Sie ohne jede Mühe verstehen. Lassen Sie einfach zu, dass Sie da sind, dass Sie jedes Ding, dem Sie begegnen, tief berühren, dass Sie achtsam gehen und anderen durch Ihr Dasein helfen. Das ist die Praxis der Nicht-Praxis. Eines Tages werden Sie schließlich die Wahrheit des Interseins durchdringen, und sie wird Sie durchdringen.

14

Die letztendliche Dimension

Im Diamant-Sutra sagt der Buddha: »Wo es etwas gibt, das durch Zeichen unterscheidbar ist, da gibt es Täuschung.« Noch immer klammern wir uns an Zeichen und verlieren die Essenz, welche Intersein, Zeichenlosigkeit und Leerheit bedeutet. Wir sind in den Zeichen gefangen und vergessen ganz, dass die Wirklichkeit weder Selbst noch Nicht-Selbst, weder Person noch Nicht-Person, weder Lebewesen noch Nicht-Lebewesen, weder Lebensspanne noch Nicht-Lebensspanne ist. Unsere Praxis liegt darin, auf tiefe Weise zu schauen und zu leben und dabei im »Diamant-Samadhi« zu verweilen. Wir bewahren diesen Geisteszustand nicht nur während der Sitzmeditation, sondern auch beim Gehen oder Teetrinken, oder wenn wir unser neugeborenes Kind im Arm halten. Schauen wir tief in die Dinge hinein, können uns Zeichen und Merkmale nicht zum Narren halten.

Wenn wir im Diamant-Samadhi eine Blume berühren, berühren wir die Sonne und den gesamten Kosmos! Wenn wir die Natur der Blume, ihre Verwobenheit mit allen anderen Phänomenen, ihr Intersein, durchdringen, berühren wir alles. Wir brauchen nicht zu fragen: »Was passierte dann?«, denn vor uns ist alles gegenwärtig. Wenn wir uns den weiten Ozean anschauen, sehen wir viele Wellen. Wir können sie als hoch oder flach beschreiben, als groß oder klein, heftig oder weniger heftig; aber all diese Begriffe können nicht auf das Wasser selbst angewendet werden. Vom Standpunkt der Welle aus gibt es Geburt und Tod, aber das sind nur Kennzeichen. Die Welle ist gleichzeitig auch Wasser. Wenn die Welle sich selbst aber nur als Welle sieht, wird sie sich zu Tode fürchten. Die Welle muss tief in sich selbst hineinschauen, um zu begreifen, dass sie gleichzeitig auch Wasser ist. Wenn wir das Wasser wegnehmen, kann die Welle nicht sein; nehmen wir die Wellen weg, gibt es kein Wasser. Welle ist Wasser, und Wasser ist Welle.

Die Wirklichkeit kann nicht durch Begriffe oder Vorstellungen beschrieben werden. Nirvana ist in erster Linie das Erlöschen von Vorstellungen. Im Avatamsaka-Reich schauen wir nicht nach Buddha Shakyamuni als einer Form. Wir schauen nach dem Buddha Vairochana, der das wahre Wesen von Shakyamuni und allen anderen Buddhas der Vergangenheit, Gegenwart und Zukunft ist – und damit auch unser wahres Wesen, denn auch wir sind alle Buddhas. Im Avatamsaka-Reich ist Zeit auch Raum. Die Vergangenheit betrachtet lächelnd die Zukunft, die Zukunft betrachtet lächelnd die Vergangenheit – und beide können in der Gegenwart gefunden und berührt werden.

Wenn Sie die Avatamsaka-Welt betreten, sind Sie Buddha. Sie brauchen sich nicht als zukünftigen Buddha zu bezeichnen, denn Vergangenheit, Gegenwart und Zukunft sind eins. Wenn Sie in der Lage sind, das Wasser zu berühren, so ist das wunderbar, aber es bedeutet nicht, dass die Welle damit verschwunden ist. Die Welle ist immer das Wasser. Wenn Sie versuchen, nur die Welle zu berühren und nicht das Wasser, dann werden Sie unter der Furcht vor Geburt und Tod und vielen anderen Kümmernissen leiden. Wenn Sie aber tief in sich selbst hineinschauen und feststellen, dass Sie das Wasser sind, dann verschwinden alle Furcht und alle Kümmernisse. Berühren Sie das Wasser, so berühren Sie auch die Welle.

In einigen Traditionen wird das Wort »Vater« benutzt, um Gott zu bezeichnen oder anzusprechen, aber da müssen wir uns fragen, warum »Vater« und nicht »Mutter«? »Gottmutter« wäre eine gute Formulierung, um alle Vorstellungen zu neutralisieren, die man vielleicht in Bezug auf »Gottvater« hat.

Das folgende Gedicht an eine Dahlie wurde von einem jungen vietnamesischen Dichter namens Quach Thoai geschrieben:

Du stehst ruhig am Zaun
und lächelst dein wundersames Lächeln.
Überrascht und sprachlos stehe ich da.
Ich höre dich ein Lied singen,
das, ich weiß nicht wann, begann.
Tief verbeuge ich mich.

Eine Dahlie ist eine gewöhnliche Blume, die wir jeden Tag sehen können, aber wenn wir nicht aufmerksam sind, verpassen wir sie. An jenem Morgen war der Dichter vollkommen gegenwärtig und er konnte die Blume berühren. Das Lied der Blume war immer da. Auf einmal gelang es dem Dichter, das Reich Vairochanas zu betreten, des Dharmakaya-Buddha, und das Lied der Blume zu hören. Vor Respekt verbeugte er sich tief. Die Dahlie ist Buddha Vairochana, der ständig lehrt, voller Mitgefühl. Da wir aber gefangen sind in unserer Unachtsamkeit, gelingt es uns nicht, zu hören, wie der Buddha lehrt. Das bedeutet aber nicht, dass er nicht da wäre. Tatsächlich drückt alles – das Gras, die Blumen, die Blätter, die Kieselsteine – das Saddharma-Pundarika-Lotos-Sutra aus. Als der junge vietnamesische Dichter plötzlich das Avatamsaka-Reich betrat und einer Buddha namens Dahlie begegnete, da lauschte er dem Dharma-Vortrag, den Buddha Dahlie gab, und tief bewegt verbeugte er sich vor der Dahlie. Wenn Sie ein aufmerksames Ohr haben, dann hören Sie das authentische Dharma die ganze Zeit.

Die Zukunft ist die Vergangenheit, und die Gegenwart ist die Zukunft. Die drei Zeiten betrachten einander und erwecken die Welt auf unendliche Weisen. Die Mittel, vollkommenes Wissen zu erlangen, sind unbegrenzt. In der Avatamsaka-Welt besteht Raum aus Zeit und Zeit besteht aus Raum. Ein Raumteilchen beinhaltet die Gesamtheit des Raums. Ein Raumteilchen umfasst aber auch die Gesamtheit der Zeit. Ein Zeitteilchen beinhaltet die Gesamtheit der Zeit. Ein Zeitteilchen umfasst aber auch allen Raum und alle Zeit. Betrachten Sie zu Beginn Ihrer Praxis die Natur der Unbeständigkeit und dann die Natur von Nicht-Selbst und Intersein. Allein dadurch wird sich Ihnen alles in seiner Ganzheit offenbaren, das eine in den vielen und die vielen in dem einen.

Im Avatamsaka-Reich erfahren wir, dass alles ein Konstrukt unseres Geistes ist. Wenn wir uns in Vorstellungen verfangen, wenn wir selbst voller Verblendung und Leiden sind, dann erkennen wir nicht die wahre Natur der Dinge, und wir konstruieren uns eine Welt des Leidens. Wir errichten Gefängnisse, Höllen, erschaffen eine Welt der Rassendiskriminierung. Wir verschmutzen die Umwelt, weil uns die Einsicht in die wechselseitige Verwobenheit aller Dinge, ihr Intersein, fehlt. Die

Welt, die ein verblendeter Geist erschafft, ist eine Welt voller Hass, Leiden und Verblendung.

Wenn wir tief in alles hineinschauen und Einsicht erlangen, erkennen wir die wahre Natur des Interseins, und unsere Unwissenheit wird sich in Verstehen verwandeln. Nach der Lektüre des Avatamsaka-Sutra wird uns die Welt etwas heller erscheinen. Es gibt mehr Licht, mehr Raum, mehr Blumen, mehr Wasser und Seen. Es gibt mehr Singvögel und es gibt mehr Zeit, sich an ihnen zu erfreuen. Auch dies ist ein Produkt des Geistes. Wenn wir gemeinsam tief schauen, wird es uns möglich sein, die Avatamsaka-Welt gleich jetzt zu erschaffen. Dies ist die beste Art, Leiden zu verringern. Leiden verringern bedeutet, den Riesenberg der Unwissenheit abzutragen, unseres grundlegenden Leidens. Alles durchdringt alles andere. Einer Person etwas anzutun bedeutet, gleichzeitig uns selbst und allen anderen etwas anzutun. Die Not eines anderen Menschen zu lindern bedeutet, die Not aller zu lindern, einschließlich unserer eigenen Bedrängnis. Diese Einsicht führt zu wirklich hilfreichem Handeln.

Im Avatamsaka-Reich ist die Zeit ohne Ende. Hier bei uns zerrinnt uns die Zeit, aber dort gibt es nie einen Mangel an Zeit. Und sehr viel Raum hat man dort. Der Raum dort besteht aus Zeit, und die Zeit besteht aus Raum. Hier bei uns haben wir die Vorstellung von einer Lebensspanne. Wir denken, dass wir vor unserer Geburt nicht existierten und dass wir nach unserem Tod nicht mehr da sein werden. Mit unserer Vorstellung von Lebensspanne haben wir nicht viel Zeit. Dort aber gibt es die Vorstellung von einer Lebensspanne nicht mehr, dort herrscht ausschließlich Freiheit.

Manche Leute fragen, ob es in der Avatamsaka-Welt Kaffee oder Coca Cola gibt. Ja, auch diese Dinge gibt es dort, aber außerdem so viele andere erfreuliche Dinge, dass die Menschen gar keine Coca Cola brauchen. Sie brauchen keine Drogen. Der Sonnenschein, die Wolken, die Blumen und die Juwelen bereiten so viel Freude, dass wir gar keine Mittel brauchen, um zu vergessen. Hier in unserer Welt meinen wir vielleicht Zuflucht zu Dingen nehmen zu müssen, die uns helfen sollen, die Wirklichkeit zu vergessen. Wenn Ihre Frau, Ihr

Mann Ihnen eine Menge Kummer bereitet, dann flüchten Sie sich vielleicht in Ihre Studien oder in Ihre Arbeit, vielleicht auch in ein soziales Engagement oder sie setzen sich sehr für die Umwelt ein. Sie trinken Alkohol, weil Sie vergessen, alles hinter sich lassen wollen. Sie nehmen Drogen, um aus einer unerquicklichen Wirklichkeit zu entfliehen. Im Avatamsaka-Reich aber sind die Dinge so angenehm, dass Sie all diese Hilfsmittel nicht brauchen. Sie sind nicht etwa verboten. Man kann sie finden, wenn man will, aber man braucht sie nicht. Wenn wir Menschen, die miteinander verfeindet sind, ins Avatamsaka-Reich bringen, dann verhalten sie sich wie Buddhas. Sie profitieren von dem Licht, dem Raum, der Zeit, und sie tun nichts von dem, was sie hier tun würden.

Eines Tages praktizierte ich Gehmeditation. Die Blätter fielen wie Regen herunter. Als ich auf ein Blatt trat, bückte ich mich, hob es auf, betrachtete es und lächelte, denn mir wurde klar, dass das Blatt schon immer hier gewesen ist. In jedem Herbst fallen die Blätter, und in jedem Frühling manifestieren sie sich erneut. Sie bleiben einen Sommer lang und fallen dann im Herbst wieder zu Boden. Sie spielen Versteck, tun so, als ob sie sterben und wiedergeboren würden, aber das stimmt nicht. Als ich das Blatt eingehend betrachtete, sah ich, dass es nicht nur ein Blatt war, so wie der Buddha auch nicht nur eine Person ist. Der Buddha ist gleichzeitig überall. Das haben wir im Avatamsaka-Sutra und im Lotos-Sutra gelernt. Auch das Blatt war überall. Ich bat das Blatt, all seine Manifestationen zurückzurufen. Da das Blatt frei war von allen Vorstellungen über Geburt und Tod, war es dazu in der Lage.

Sieben Jahre nach dem Tod meiner Mutter wachte ich eines Nachts plötzlich auf, ging nach draußen und sah den hell scheinenden Mond. Gegen zwei oder drei Uhr morgens hat der Mond immer so etwas Tiefes, Ruhiges und Zartes, wie die Liebe einer Mutter für ihr Kind. Ich fühlte mich eingetaucht in seine Liebe, und mir wurde klar, dass meine Mutter noch immer lebte und immer leben wird. Stunden zuvor hatte ich im Traum meine Mutter sehr deutlich gesehen. Sie war jung und schön, sprach mit mir, und ich sprach mit ihr. Seitdem weiß ich, dass meine Mutter immer bei mir ist. Sie tat so, als würde sie sterben, aber es ist nicht wahr. Unsere Mütter und Väter leben in uns weiter. Unsere Befreiung ist ihre Befreiung. Was immer wir tun, um uns zu verändern, zu verwandeln, wir tun es auch für ihre Transformation, und genauso für die unserer Kinder und deren Kinder.

Als ich das Herbstblatt aufhob und betrachtete, musste ich lächeln, denn ich sah, wie das Blatt diese Vielzahl seiner Körper aus allen zehn Himmelsrichtungen zurückrief, so wie es Buddha Shakyamuni im Lotos-Sutra getan hatte. Dann betrachtete ich mich selbst, sah mich selbst als ein Blatt, und ich rief meine unzähligen Körper für diesen Augenblick zu mir zurück. Das können wir tun, wenn wir die Vorstellung auflösen, wir seien nur hier und jetzt. Dabei sind wir gleichzeitig überall, zu jeder Zeit.

Wenn wir den Boden hier berühren, dann berühren wir auch den Boden dort. Berühren wir den gegenwärtigen Moment, berühren wir auch die Vergangenheit und die Zukunft. Wenn wir die Zeit berühren, berühren wir den Raum. Berühren wir den Raum, so auch die Zeit. Berühren wir den

Zitronenbaum im Frühling, so berühren wir auch die Zitronen, die es in drei oder vier Monaten geben wird. Das ist möglich, weil die Zitronen bereits da sind. Den Zitronenbaum können wir in der historischen Dimension oder in der letztendlichen Dimension berühren; es liegt ganz bei uns. Die Praxis des Lotos-Sutra besteht darin, sich selbst, das Blatt und den Baum in der letztendlichen Dimension zu berühren.

Wenn wir die Welle berühren, berühren wir gleichzeitig das Wasser. Das ist unsere Praxis. Wenn wir mit einer Gruppe von Freundinnen und Freunden Achtsamkeit praktizieren, indem wir sitzen, gehen oder Tee trinken, wird es uns gelingen, die letztendliche Dimension zu berühren, während wir in der historischen Dimension leben. Unsere Furcht, Ängstlichkeit und unser Ärger werden ganz leicht verwandelt, wenn wir uns nicht auf die Wellen beschränken, sondern es schaffen, gleichzeitig das Wasser zu berühren.

Die Welt des Friedens und der Freude liegt in Reichweite vor uns. Wir brauchen sie nur zu berühren. Wenn ich eine Küche in Plum Village betrete, frage ich vielleicht eine Schülerin: »Was tust du gerade?« Wenn sie sagt: »Thây, ich schneide gerade Mohrrüben«, dann bin ich ein wenig enttäuscht. Ich möchte gern, dass sie die historische Dimension verlässt und die letztendliche Dimension berührt. Sie braucht nur hochzuschauen und zu lächeln. Falls sie gerade an etwas anderes gedacht hat und durch meine Frage wieder in den gegenwärtigen Moment zurückgebracht wurde, so könnte sie »Danke« sagen oder »Ich atme.« Das sind gute Antworten. Wir müssen nicht erst sterben, um das Reich Gottes zu betreten. Tatsächlich müssen wir leben, um es zu tun. Was macht uns lebendig? Achtsamkeit. Alles und jedes um uns herum und in uns kann die Tür sein, durch die wir in das Dharmadhatu eintreten. Wenn wir uns in der Gehmeditation üben, bitten wir einen Baum oder eine Blume, uns vom Avatamsaka-Reich zu erzählen. Ich bin sicher, sie werden uns den Weg dorthin weisen.

In seinem Buch *Der Fremde* erzählt Albert Camus von einem Mann namens Meursault, der im Gefängnis auf seine Hinrichtung wartet. Er lag flach auf dem Rücken auf seiner Pritsche, schaute nach oben und durch ein kleines Fenster an der Decke sah er zum ersten Mal in seinem Leben den blauen Himmel. Wie kann das sein, dass ein erwachsener Mann den blauen Himmel nie zuvor gesehen hat? Es leben tatsächlich viele Menschen auf diese Weise, gefangen in ihrem Ärger, ihren Enttäuschungen oder ihrem Glauben, Glück und Frieden gebe es nur in der Zukunft. Meursault blieben noch drei Tage bis zu seiner Hinrichtung. In diesem Augenblick der Achtsamkeit war der Himmel wirklich da; und er war in der Lage, ihn zu berühren. Er erkannte, dass das Leben eine Bedeutung hat, einen Sinn, und er vermochte die ihm noch verbleibenden Momente auf tiefe Weise zu leben. So wurden die letzten drei Tage seines Lebens zu wirklichem Leben. Am letzten Tag klopfte der Priester an seine Zellentür, um ihn zu einem Geständnis zu bewegen, aber Meursault lehnte ab. Schließlich ging der Priester enttäuscht weg. Meursault beschrieb ihn in diesem Augenblick als einen Menschen, der lebt, als wäre er schon gestorben. Er erkannte, dass es der Priester war, der Hilfe brauchte, und nicht er. Wenn wir uns umschauen, entdecken wir viele Menschen, die wie Tote wirken und ihren eigenen toten Körper über der Schulter mit sich herumtragen. Wir müssen alles uns Mögliche tun, um ihnen zu helfen. Diese Menschen müssen von irgendetwas berührt werden – dem blauen Himmel, den Augen eines Kindes, einem Blatt im Herbst –, damit sie aufwachen können.

Als kleiner Junge las ich ein Buch über einen Jäger, der sich in einem afrikanischen Dschungel verlaufen hatte. Er dachte, er müsse sterben, weil er nicht mehr den Weg heraus fand. Aber er wollte einfach nicht zu Gott beten. So tat er etwas, das halb beten und halb scherzen war: »*Dieu, si tu existes, viens a mon secour!*« (»*Gott,* wenn es dich gibt, dann rette mich!«) Wenige Minuten später tauchte ein schwarzer Afrikaner auf und half ihm aus dem Dschungel. Später schrieb der Jäger: »*J'ai appelé Dieu, et il m' est arrivé un nègre.*« (»Ich rief Gott, aber ein Schwarzer erschien.«) Er wusste nicht, dass der Schwarze Gott war. Im Fall von Meursault rettete Gott ihn in Gestalt eines Stücks blauer Himmel. Uns rettet vielleicht eine Blume, ein Kieselstein, ein Vogel oder ein Donnerschlag. Alles kann uns eine

Botschaft des Himmels, eine Botschaft aus dem Avatamsaka-Reich, bringen. Jegliches Ding kann uns hier und jetzt erwecken. Wir sollten da keine Unterschiede machen.

Als ich dieses Blatt aufhob, erkannte ich, dass es vorgab, im Frühling geboren worden zu sein und im Herbst sterben zu müssen. Auch wir erscheinen, manifestieren uns, damit wir anderen Wesen und uns selbst helfen, um dann wieder zu verschwinden. In uns haben wir eine wundersame Kraft, und wenn wir unser tägliches Leben in Achtsamkeit verbringen, wenn wir jeden Schritt achtsam und voller Liebe und Fürsorglichkeit tun, dann können wir ein Wunder vollbringen und unsere Welt in einen wundervollen Ort zum Leben verwandeln.

Jeden Schritt langsam, voller Achtsamkeit tun, das ist ein Akt der Befreiung. Wir gehen und befreien uns dabei von allen Sorgen, Ängsten, Plänen und Anhaftungen. Ein solcher Schritt trägt die Kraft in sich, uns von allem Leid zu befreien. Durch unser pures Dasein verwandeln wir uns, und unser Mitgefühl wird das bezeugen.

Schauen Sie auf die Blumen, die Schmetterlinge

und Kinder mit den Augen des Mitgefühls. Dies ist eine tiefgreifende Praxis, wie sie das Lotos-Sutra lehrt. Die Energie des Mitgefühls verwandelt das Leben und macht es schöner. Mitgefühl wird stets geboren aus Verstehen, und Verstehen ist das Ergebnis tiefen Schauens.

Im Folgenden wollen einige Gathas oder Verse Sie daran erinnern, mit der letztendlichen Dimension bei all Ihren täglichen Aktivitäten verbunden zu bleiben.

Wenn du freudvoll wandelst
in der letztendlichen Dimension,
gehe mit deinen Füßen,
nicht mit deinem Kopf.
Gehst du mit deinem Kopf,
so verlierst du dich.

Die fallenden Blätter füllen den Himmel,
wenn sie das Dharma in der letztendlichen
    Dimension lehren.
Der Pfad ist vom Herbstmondlicht bedeckt.
Das Dharma erstreckt sich in alle Richtungen.

Wir sprechen über das Dharma
in der letztendlichen Dimension,
schauen einander an und lächeln.
Du bist ich, siehst du das nicht?
Sprechen und Zuhören sind eins.

Ich genieße meine Mahlzeit
in der historischen Dimension
und versorge damit alle meine Vorfahren
und alle künftigen Generationen.
Gemeinsam finden wir unseren Weg.

Ärgern wir uns übereinander in der historischen
    Dimension,
so schließen wir die Augen und schauen tief.
Wo werden wir sein in dreihundert Jahren?
Wir öffnen die Augen und umarmen uns.

Wenn du in der letztendlichen Dimension
    verweilst,
dienen Schneeberge dir als Kissen
und hübsche rosa Wolken decken dich zu.
Es mangelt dir an nichts.

175

*Wenn wir in der letztendlichen Dimension
  meditieren
und neben Prabhutaratna auf dem Löwenthron
  sitzen,
dann ist jeder Augenblick Verwirklichung, jede
  Frucht reif und köstlich.*

15

Der nächste Buddha

Vor 2500 Jahren kündigte der Buddha Shakyamuni an, dass der künftige Buddha Maitreya heißen werde, »Buddha der Liebe«. Ich kann mir vorstellen, dass Buddha Maitreya eine Gemeinschaft sein wird, nicht nur ein Individuum. Wir brauchen eine gute Gemeinschaft, um den unheilsamen Strömungen der heutigen Zeit standzuhalten. Ein achtsames Leben schützt uns und hilft uns, den Weg des Friedens zu beschreiten. Wenn Freundinnen und Freunde einander in ihrer Übung beistehen, dann hat der Frieden eine Chance.

Haben wir eine unterstützende Gemeinschaft, eine Sangha, ist es leicht, unser Bodhicitta, unseren Erleuchtungsgeist, zu nähren. Ist da niemand, der uns darin ermutigt, das Dharma auf lebendige Weise zu leben, kann es passieren, dass unser Antrieb zu praktizieren erlahmt. Unsere Sangha –

die Familie, Freundinnen und Freunde und andere Mitpraktizierende –, ist der Boden, und wir sind der Samen. Ganz gleich, wie vital der Samen ist – wenn der Boden nicht genug Nahrung bereithält, wird der Samen zugrunde gehen. Eine gute Sangha ist für die Praxis unverzichtbar.

Buddha, Dharma und Sangha werden im Buddhismus als die drei kostbaren Juwelen bezeichnet. Das Wichtigste ist die Sangha, sie schließt den Buddha und das Dharma mit ein. Eine gute Lehrerin, ein guter Lehrer ist sicherlich notwendig, aber Schwestern und Brüder in der Praxis sind der wichtigste Bestandteil für den Erfolg.

Erleuchtung können Sie nicht erreichen, wenn Sie sich in Ihrem Zimmer einschließen. Transformation geschieht nur, wenn Sie in Berührung bleiben mit der Wirklichkeit. Wenn Sie den Boden berühren, dann fühlen Sie die Stabilität der Erde und sind voller Vertrauen. Wenn Sie die Zuverlässigkeit des Sonnenscheins, der Luft, der Bäume beobachten, dann können Sie davon ausgehen, dass die Sonne jeden Tag wieder aufs Neue aufgeht und dass die Luft und die Bäume da sein werden. Bauen Sie ein

Haus auf stabilem Grund. Auch in Ihrer Praxis sollten Sie sich Freundinnen und Freunde suchen, die beständig sind, auf die Sie sich verlassen können.

Zuflucht zur Sangha zu nehmen bedeutet, Vertrauen zu einer Gemeinschaft von Menschen zu fassen, die zuverlässig sind und sich gemeinsam in Achtsamkeit üben. Dann brauchst du gar nicht so intensiv zu praktizieren – es genügt, in einer Gemeinschaft zu sein, in der die Menschen sich wohl fühlen und jeden Augenblick ihres Lebens tief auskosten. Zu erleben, wie jede Person auf ihre Weise sitzt, geht, isst, arbeitet und lächelt, ist eine Quelle der Inspiration; Transformation und Heilung geschehen so ohne besondere Mühe. Ein Mensch, der Probleme hat, wird diese dadurch transformieren können, dass er sich in einer guten Sangha aufgehoben fühlt. Ich hoffe, dass auch die Übungsgemeinschaften im Westen sich als Familienverbände verstehen lernen. In asiatischen Sanghas betrachten wir einander als Dharma-Bruder, Dharma-Schwester, Dharma-Tante und Dharma-Onkel, und wir können unsere Lehrerin oder unseren Lehrer Dharma-Mutter oder Dharma-Vater nennen. Eine Gemeinschaft von Übenden braucht diese Art von geschwisterlicher Verbundenheit; sie nährt ihre Praxis.

Wenn Sie sich von Bodhicitta getragen fühlen, dem starken Wunsch, Ihr Leben der Praxis des Dharma für das Wohl vieler Wesen zu widmen, dann ist das genug. Bodicitta ist eine Quelle der Kraft in uns. Das Beste, was Sie für andere tun können, ist, ihnen zu helfen, ihren eigenen Erleuchtungsgeist, ihr eigenes Bodhicitta, zu berühren. Der Bodhicitta-Samen ist in uns allen vorhanden; es geht darum, ihn zu wässern und zum Leben zu erwecken. Eine der wichtigsten Bedingungen, Bodhicitta zu nähren und schützen, ist eine gute Sangha. Wenn Sie eine Sangha haben, in der Freude herrscht, die motiviert ist von dem Bedürfnis, zu praktizieren und zu helfen, dann werden Sie zum Bodhisattva heranreifen. Den Mönchen, Nonnen und den nicht ordinierten Praktizierenden in Plum Village sage ich stets, dass sie, um ihre Praxis erfolgreich zu gestalten, nach Wegen suchen müssen, harmonisch miteinander zu leben, auch mit den Menschen, die schwierig sind. Wenn sie das in einer Sangha nicht schaffen, wo dann? Mönch oder Nonne zu werden ist nicht nur eine Angelegenheit zwischen lehrender und lernender Person. Es betrifft alle. Ein »Ja« von allen Mitgliedern der Sangha zu erhalten ist ein wahrhaftiges Dharma-Siegel.

16

Eine Liebesgeschichte ohne Anfang oder Ende

Ohne die Unterstützung einer Sangha wäre es für mich weitaus schwieriger gewesen, weiterzumachen, nachdem meine erste Liebe und ich uns getrennt hatten. Sie lebte ohne eine solche Gemeinschaft, und deshalb war es für sie sehr schwierig. Sie hatte die Briefe erhalten, die ich nach Hanoi geschickt hatte, nicht aber die, die ich nach Huê gesandt hatte. Es war mir nicht möglich, sie über die Entwicklungen auf dem Laufenden zu halten, darüber, dass jetzt Hunderte von jungen Mönchen und Nonnen neue Möglichkeiten hatten, zu praktizieren und zu helfen – und so fühlte sie sich zunehmend isoliert. Meine Liebe zu ihr wurde in dieser Zeit umfassender. Ich begann, sie überall zu sehen. Jeder junge Mönch, jede junge Nonne wurde Teil unserer Liebe, und ich spürte, dass auch sie Teil dieser Umwandlung war. Mir war allerdings nicht klar, wie isoliert sie inzwischen geworden war, da sie meine Briefe nie erhalten hatte.

Liebe hat sehr viel mit Bodhicitta zu tun. In meinem Fall hatte Liebe mit dem starken Wunsch zu tun, Mönch zu werden, für eine ganze Generation, eine ganze Gesellschaft zu praktizieren. Am Anfang hatte es noch Anhaftung und inneren Konflikt gegeben, aber innerhalb von 24 Stunden hatte dieser Konflikt begonnen sich aufzulösen, sich zu transformieren. Am zweiten Tag, den wir gemeinsam verbrachten, sprachen wir bereits nur noch darüber, dass wir mit unserer Praxis als Mönch und als Nonne fortfahren wollten. Bodhicitta unterstützte und schützte uns. Dadurch legte sich sogar mein Bedürfnis, an ihre Tür zu klopfen und sie zu einem Gespräch in der Meditationshalle zu bitten. Wir mussten uns überhaupt nicht anstrengen, die Gelübde zu praktizieren. Wir praktizierten sie einfach. Dank unseres Bodhicittas befolgten wir sie ganz natürlich. Bodhicitta beschützte uns.

Im Jahr 1976 wollte das kommunistische Regime in Vietnam eine staatlich unterstützte buddhistische

Organisation aufbauen, um die Unified Buddhist Church (UBC) zu verdrängen. Regierungskreise verbreiteten zudem das Gerücht, ich sei in Paris an einem Herzinfarkt gestorben. Die jungen Mönche und Nonnen in Vietnam hatten großes Vertrauen zu mir. Sie wussten, ich tat mein Bestes, ihnen zu helfen und sie zu unterstützen. Von Paris aus standen wir durch unser Büro der Friedensdelegation der UBC mit Amnesty International und anderen humanitären Organisationen in Verbindung. Wann immer wir von Menschenrechtsverletzungen durch die Regierung erfuhren – zum Beispiel Verhaftungen von Mönchen und Nonnen –, benachrichtigten wir die Presse und andere Stellen, damit diese intervenieren konnten. Das ist einer der Gründe, weshalb die Regierung die UBC beseitigen und ihre eigene buddhistische Organisation aufbauen wollte. Sie hatten bereits Thich Quang Do und Thich Huyen Quang, die beiden Führer der UBC, inhaftiert. Ziel der Regierung war es, die Menschen zu verwirren und die Unterstützung zu untergraben, die sie von uns aus Paris erhielten. Als nun das Gerücht, ich sei in Paris einem Herzinfarkt erlegen, die Nonnen der

Tu-Nghiem-Pagode erreichte, fiel eine junge Nonne in Ohnmacht.

Als ich vom Leiden dieser Nonne hörte, schickte ich ihr einen Brief und lud sie ein, sich uns anzuschließen. »Warum bist du ohnmächtig geworden, Schwester? Viele Menschen wurden schon bei ihrem Kampf für Frieden und soziale Gerechtigkeit getötet, aber niemand kann sie wirklich zerstören. Was existiert, wird nicht aufhören zu existieren, und was nicht existiert, wird auch nicht ins Dasein gelangen. Jesus, Gandhi und Martin Luther King sind noch immer hier, sie sind in uns, in jeder Zelle unseres Körpers. Wenn du noch einmal die Nachricht von meinem Tode erhältst, dann lächle bitte. Dein Lächeln wird Zeugnis ablegen von deinem tiefen Verstehen und deinem Mut. Es gibt keinen Grund zu trauern, nicht nur deshalb, weil die Nachricht nicht zutrifft, sondern auch, weil all die jungen Mönche und Nonnen, die von ihrem Bodhicitta getragen werden, ihre Praxis auch ohne mich weiterführen können.«

Die junge Nonne hat meinen Brief nie erhalten. Sie fühlte sich verlassen, verlor ihre Energie, und schließlich verließ sie den Orden. Liebe ist ein Unfall, aber deshalb müssen wir die Liebe nicht verdammen oder meiden. Der Unfall mag uns einiges Leid bringen, aber wenn wir uns von Bodhicitta getragen fühlen, von der Absicht, vielen Menschen Glück zu bringen, dann haben wir einen Dharma-Beschützer und werden es überleben. Eine gute Sangha bietet uns noch mehr Schutz. Wenn uns der Pfeil trifft, können wir dennoch, inmitten unserer unterstützenden Sangha, mit unserer Praxis fortfahren, und unsere Liebe wird transformiert. Ohne solch eine gute Sangha sind wir sehr verwundbar. Bitte kümmern Sie sich um eine gute Sangha. Sie ist ein Floß, das Ihnen hilft, inmitten der Turbulenzen zu überleben. »Ich nehme Zuflucht zur Sangha« ist ein kraftvolles Versprechen. Mit einer guten Sangha berühren wir den Buddha, das Dharma und auch uns selbst. Dank meiner Sangha habe ich viele schwierige Momente überlebt und konnte eine Quelle der Kraft werden für viele Menschen und ihnen helfen.

Wo ist das Selbst? Wo ist das Nicht-Selbst? Wer ist Ihre erste Liebe? Wer ist die letzte? Was ist der

Unterschied zwischen unserer ersten und unserer letzten Liebe? Wie kann irgendetwas sterben? Was verband diese Nonne in der Tu-Nghiem-Pagode mit meiner Geliebten, die immer noch in dem Nonnenkloster in Huê lebte? Wo immer es Form gibt, da gibt es Täuschung. Wollen Sie meine Liebe berühren, berühren Sie sich bitte selbst.

Ob Wasser über die Ufer steigt oder ob es verdunstet, hängt von der Jahreszeit ab. Ob es rund oder viereckig erscheint, hängt vom Behälter ab. Im Frühling fließend, im Winter fest, seine Unermesslichkeit kann nicht ermessen, seine Quelle nicht gefunden werden. In einem smaragdgrünen Fluss verbirgt das Wasser einen Drachenkönig. In einem kalten Teich umfasst es den strahlenden Vollmond. Auf den Weidenzweig des Bodhisattva sprüht es den Nektar des Mitgefühls. Ein Tropfen Wasser reicht aus, um die Welt in allen zehn Himmelsrichtungen zu transformieren. Können Sie das Wasser durch die Form erfassen? Können Sie seine Spur bis zur Quelle zurückverfolgen? Wissen Sie, wo sie enden wird? Genauso ist es mit Ihrer ersten Liebe. Ihre erste Liebe hat keinen Anfang und wird auch kein Ende nehmen. Sie ist noch immer lebendig im Strom Ihres Seins. Glauben Sie nicht, dass sie nur in der Vergangenheit stattfand. Schauen Sie tief in die Natur Ihrer ersten Liebe – Sie werden den Buddha sehen.

Quellen

Die meisten Mahayana-Schriften wurden ursprünglich in Sanskrit niedergeschrieben; daher sind die buddhistischen Begriffe in diesem Buch ebenfalls in Sanskrit aufgeführt. Sind sie einer anderen Sprache entnommen wie dem Pali, der japanischen oder chinesischen Sprache, so ist das jeweils angegeben.

7. Kapitel — Liebe und der Mahayana-Buddhismus
Das Ugradatta-Sutra ist im Revidierten Taisho Tripitaka unter der Nummer 322 zu finden. Im Maharatnakuta, einer Sammlung von Sutren, ist es das 19. Sutra. Es ist in dem Buch *A Treasury of Mahayana Sutras* (Pennsylvania State University Press, 1983) enthalten, das von Garma C. C. Chang herausgegeben wurde.

Das Vimalakirti-Nirdesha-Sutra, im Revidierten Taisho Tripitaka die Nummer 475, ist u. a. in der Übersetzung von Robert Thurman als *The Holy Teaching of Vimalakirti* (Pennsylvania State University Press, 1976) erschienen.

8. Kapitel – Das Sutra über die Kenntnis vom besseren Weg, eine Schlange zu fangen
Das Sutra über die Kenntnis vom besseren Weg, eine Schlange zu fangen, liegt sowohl in Pali als auch in chinesischer Sprache vor. In Pali ist es als Alagaddupama-Sutta (Schlangen-Gleichnis) die

Nummer 22 des Majjhima-Nikaya; im Chinesischen ist es das Arittha-Sutra (Madhyama-Agama, Nr. 220, Nr. 26 im Revidierten Taisho Tripitaka). Dieses Sutra wurde von Thich Nhat Hanh ins Englische übersetzt und mit Kommentaren versehen; in deutscher Sprache ist diese Ausgabe unter dem Titel *Donnerndes Schweigen* erschienen (Theseus Verlag, 1995).

9. Kapitel – Der Diamant, der die Illusion durchschneidet
Das Diamant-Sutra ist im Revidierten Taisho Tripitaka unter der Nr. 235 verzeichnet. Es wurde von Thich Nhat Hanh ins Englische übersetzt und kommentiert. Diese Ausgabe erschien in deutscher Sprache unter dem Titel *Das Diamantsutra: Der Diamant, der die Illusion durchschneidet* (edition steinrich, 2012). Zur Erörterung des Begriffs Leerheit siehe auch Thich Nhat Hanh: *Mit dem Herzen verstehen, Kommentare zum Prajnaparamita Herz-Sutra* (Droemer Knaur Verlag, 2011).

10. Kapitel – Das Lotos-Sutra
Eine kommentierte Übersetzung von Thich Nhat Hanh ist unter dem Titel *Die Weisheit des Lotos-Sutra* (Herder Verlag, 2014) erschienen.

11. Kapitel – Die Drei Dharmasiegel
Das Sutra über die Dharma-Siegel ist im Revidierten Taisho Tripitaka unter der Nr. 104 zu finden. Eine englische Übersetzung von Thich Nhat Hanh erschien in *Chanting from the Heart* (Parallax Press, 2007) Eine deutsche Übersetzung erschien in Thich

Nhat Hanh, *Der Buddha sagt: Seine wichtigsten Lehrreden* (Theseus Verlag, 2003)

Kapitel 13 – Die Welt des Avatamsaka

Das Aniruddha-Sutta ist im Samyutta-Nikaya unter der Nummer 22,6 verzeichnet. Von Thich Nhat Hanh wurde es aus dem Pali ins Englische übersetzt und ist in deutscher Sprache in *Der Buddha sagt: Seine wichtigsten Lehrreden* (Theseus Verlag, 2003) erschienen.

Einige der Zitate aus dem Avatamsaka-Sutra sind direkt der chinesischen Fassung, andere der englischen Übertragung von Thomas Cleary entnommen, *The Flower Ornament Scripture* (Shambhala Publications, 1993), siehe besonders Seite 442–445. Eine Novelle, die auf dem letzten Buch (Gandaryuha) des Avatamsaka-Sutras basiert, ist *Little Pilgrim* (Parallax Press, 2006).

Weitere lieferbare Titel

Thich Nhat Hanh
Es gibt nichts zu tun
Die Zen-Unterweisungen des Meisters Linji
304 Seiten, geb., 24,90 €
ISBN 978-3-942085-30-4

Thich Nhat Hanh
Das Diamantsutra
Der Diamant, der die Illusion durchschneidet
200 Seiten, geb., 16,90 €
ISBN 978-3-942085-16-8

Kai Romhardt
Slow down your life
Vom Glück der Gelassenheit
184 Seiten, geb., 17,90 €
ISBN 978-3-942085-15-1

Annabelle Zinser
Herzenswege
Meditationen zur Heilung und Transformation
192 Seiten, geb., mit MP3-CD, 19,90 €
ISBN 978-3-942085-09-0

www.edition-steinrich.de **steinrich** edition RS